思考と行動を高速化する

超速！問題解決

高橋輝行

アスコム

「痩せたい！」と言うわりに
どんなダイエット方法をすすめても
痩せられない友達がいます。

この問題、あることをしたら
いきなり10キロの減量に成功しました。

いったい何が解決策になったのでしょうか？

答えはこれです。

「合コンを企画した」

痩せたい人がいたら、

「もっと楽に痩せられるグッズはないか」

「ズボラでも続けられる運動はないか」

などと、つい「痩せ方のアイデア」を
探してしまいます。

ところが、この問題を解決したのは
「異性と出会う場」を作ることでした。
痩せたいという目的の背景には
恋人が欲しいという根本問題があったわけです。
これが問題解決の秘策といわれれば
「なるほど」と思いますが、
では、どうすれば

真の問題

に気づくことが
できるのでしょうか。

速く的確に問題解決できる人は、
一瞬ですごいアイデアを
ひらめく人ではありません。

むしろ、発想力がある人ほど
頭のなかにはロジックがあります。

超速とは
問題の背景をあぶり出す速さ

最短経路を見つける速さ
実行する速さです。

ロジカルシンキングの方法論やツールだけなら、
他にもたくさんあります。

それらの「いいところどり」をして
すぐに実行できるところまで
たどり着けるのが本書のメソッドです。

超速の問題解決3ステップ

【ステップ1】
「3つのボックス」にわけて書く

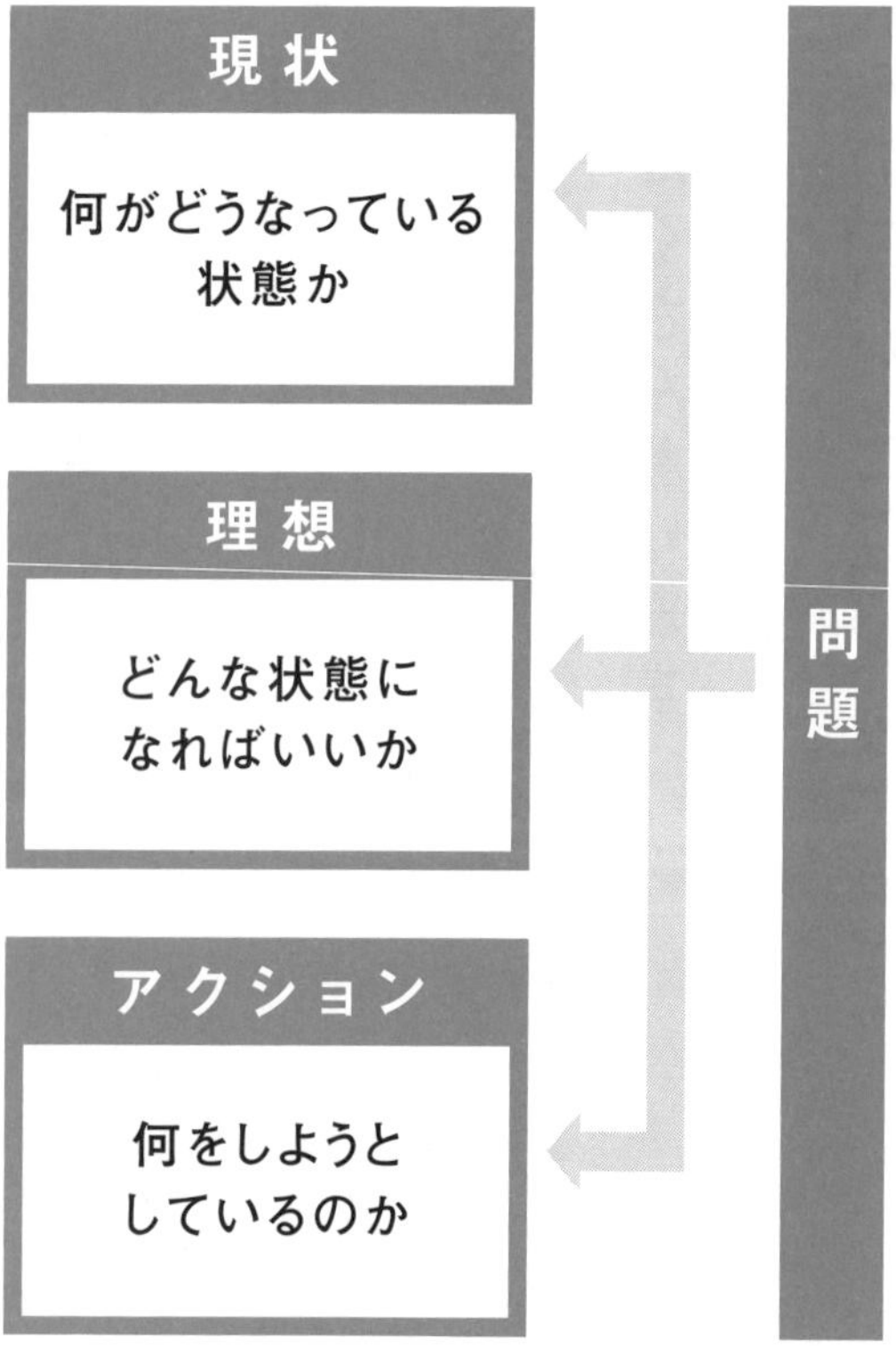

現状
何がどうなっている状態か
理想
どんな状態になればいいか
アクション
何をしようとしているのか
問題

考えていることを
わけて整理する

【ステップ2】
「3回考える」ことで最短経路を検索する

現状
理想
アクション
1回目
思い込みをはがす
情報の抜け漏れをなくす
2回目
ひと言でまとめる
問題の本質をつかむ
3回目
筋を通す
最適なアクションを決める

**深く考えて
真の問題をつきとめる**

【ステップ3】
詳しい人に聞いて最適なアクションを決める

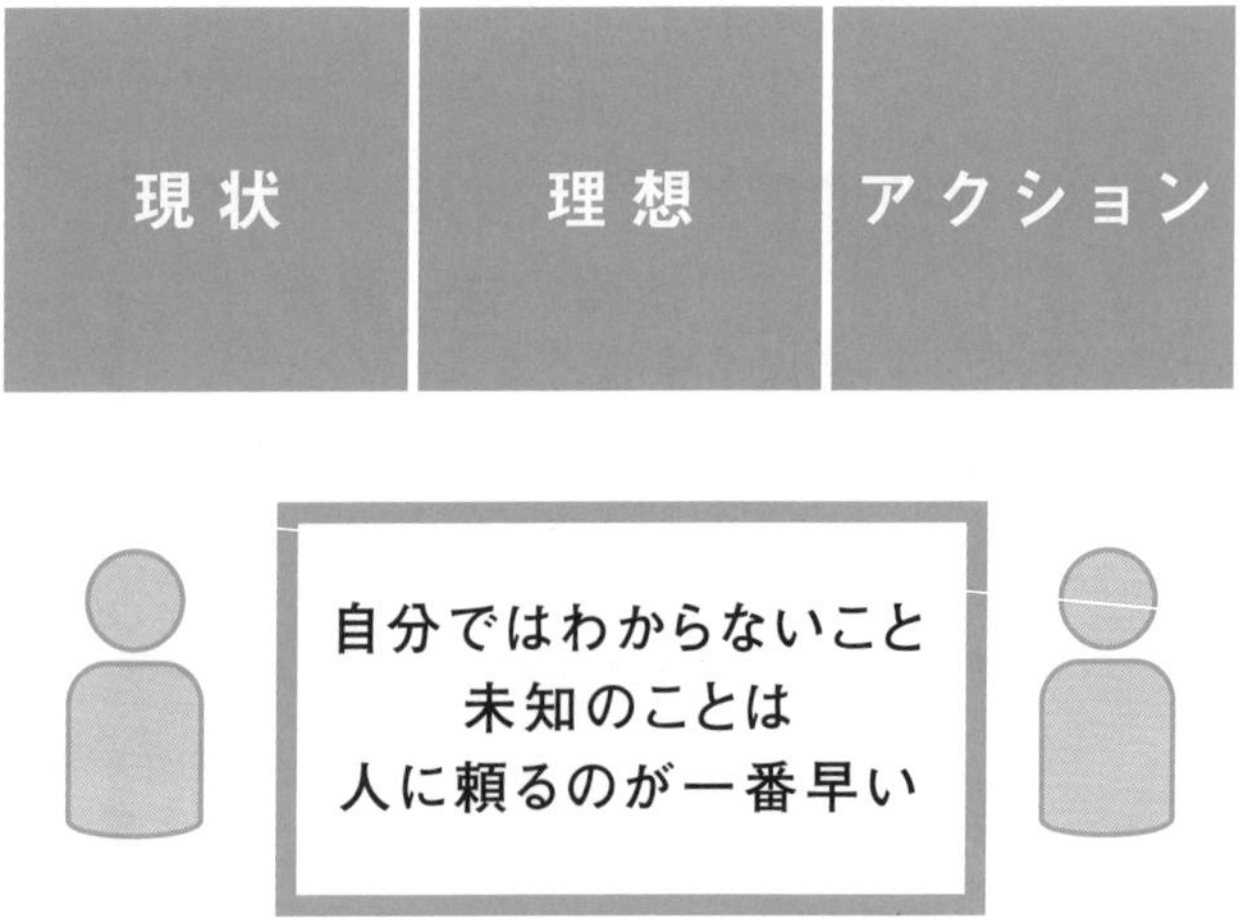
現状
理想
アクション
自分ではわからないこと
未知のことは
人に頼るのが一番早い

他人の知識と経験を借りて
アクションを実行する

慣れないうちは、
ステップ1の「3つのボックス」に書いて
整理することだけでもトライしてみてください。
紙とペンさえあれば、どこでもできます。
それだけで頭のなかがシンプルになり
考えているだけの時間が減って
知的生産性がアップします。

日々の小さな問題で構いません。
各ステップを繰り返して
問題解決思考を習慣化しましょう。

問題解決力が現代を生きる力になる

速く的確に問題解決できる力は
知的生産性を高める
強力な武器です。

知的労働で自ら価値を生み出す人材が
求められている現代。

超速の問題解決メソッドを身につければ
どんな場所で、誰と働いても

結果を出せるようになり
人生の選択肢が広がります。

「問題解決思考」で
自分で仕事を動かせるようになろう！

問題処理思考の人

- やることが場当たり的
- ルーチンワークを好む
- 新しいことに否定的
- 批判や批評が得意
- テンプレ、見本をほしがる

↓

問題解決思考の人

- 先を予測して動く
- 自分にしかできない仕事を好む
- 新しい課題を自分で見つける
- 提案や建設的な議論が得意
- 人を説得して動かせる

超速の問題解決メソッドがあなたにもたらすメリット

- 悩んでいる時間、放置している仕事がなくなる
- 無駄な作業、意味のない会議をなくせる
- 実行力、行動力が劇的に向上する

- 未知のジャンル、未経験の分野でも結果を出せるようになる
- プレゼンや提案の説得力がアップする
- 自律的に仕事を動かして、あれこれと指示されることがなくなる
- 部下や後輩の考える力を高められる
- 自分だけの実績を作ることができる
- 人間関係の悩みがなくなる

まずはここから！本書のダイジェスト

【序章】

そもそも問題解決とは何かを整理する。

問題解決は目的地まで最短経路を進むカーナビのようなもの。実行することを決めて、人を動かしてはじめて問題は解決する。

【第1章】

問題を要素分解して具体的にとらえる方法。

目の前の問題を「3つのボックス」にわけることで、自分が置かれた現在地と、目指す目的地をセットする。

問題を構造的にとらえることで、ロジカルに考えられるようになる。

【第2章】

問題解決に直結する最短経路を見つける方法。

「発散」「収束」「判断」の「3回考える」方法で、本質的な問題は何か、現在地、目的地は合っているか、アクションは本当に実行できるかを確かめる。

【第3章】

他人の知識や経験を借りて実行する方法。

自分に知識や経験がない「未知の部分」を明らかにして、

「判断してくれる人」「思考を広げてくれる人」「思考をまとめてくれる人」の3つの機能を利用する。

【第4章】

問題解決思考を習慣にするトレーニング。

普段から問題解決のための「頭の使い方」に慣れるために、「3つのボックス」や「3回考える」をコミュニケーションに取り入れる。

はじめに

「営業成績が悪い」　↓　「どうすればノルマ達成できる？」

「英会話をマスターしたい」　↓　「何かいい教材はない？」

「恋人がほしい」　↓　「どうすれば出会える？」


人は速く問題を解決したいと思うと、「何かいい手はないか」と、ついアイデアを求めてしまうものです。

そこでズバリのアイデアがひねり出せるならば、たちどころに問題は解決するでしょう。しかし残念ながら、いくら時間をかけても、突然ひらめきが降りてくるようなことはほとんどありません。

断言しますが、アイデアや発想力は問題解決に必須のものではありません。むしろ「問題が起きた↓何をしよう」というアイデア探しの思考を捨てない限り、事態は一向に前進しないと言っていいでしょう。

ここでは問題解決とは、「カーナビを使ったドライブ」のようなものとだけ憶えておいてください。

問題解決する能力は、ビジネスの世界では特に重要視されます。企業は、指示に忠実な人材以上に、自ら問題を解決していく人材を強く求める傾向にあります。

日本経済団体連合会（経団連）が2018年の4月に公表した「高等

教育に関するアンケート結果」でも、企業が学生に求める資質・能力に関しては、文系・理系ともに「主体性」「実行力」「課題設定・解決能力」がトップ3となっています。

問題解決に関する本はこれまでにたくさん出され、キラリと光る良書もあります。私はコンサルティングという仕事柄、多くの方から「高橋さん、問題解決を学べるいい本はありませんか?」と聞かれ、いくつか本をおすすめしました。

しかし結果は「結構、難しい」や「実際はどう活用したらいいのかわからない」という声が大多数でした。

つまり、本を読んで知識やツールは増えたけれど、肝心の「頭の使い方」がわからない人が多かったのです。

私もかつては、いいアイデアが出るまで夜通し頭をひねるような会議に参加した経験があります。うーん、うーんとうなるばかりで、正直ものすごくつらかったことを覚えています。

結論が出ない。結局、何をすればいいのか決まらない。本を読みあさったり、ウェブで検索しても問題は停滞したまま。

これほど苦しいことはありません。ですが、その当時、私の頭の中には問題解決のＯＳがインストールされていなかったのです。

本書は、これから問題解決力を伸ばしたいと考えているビジネスパーソンや、部下に主体性を身につけさせたいと考えている経営者、マネジメント層の方々を対象に、問題解決のための「頭の使い方」を解説していきます。

問題解決にまだ慣れていない方が読んでも理解できるように、なるべく専門用語を使わず、「アイデア探し」から思考を抜け出し、カーナビ的な「頭の使い方」が自然に身につくように構成しました。

本書を読んでいただければ、問題解決の基本的な考え方を学べます。問題解決に悩み、真剣に取り組むビジネスパーソンの「座右の一冊」に加えていただけたなら幸いです。

思考と行動を高速化する
超速！問題解決

目次

序章

問題解決とは何か

第1章

「3つのボックス」で地図を広げる

第2章

「3回考える」ことで最短経路を見つける

第3章

他人の頭を借りて問題解決を超速化する

第4章

問題解決思考のインストール

序　章

問題解決とは何か

アイデアを求める思考は捨てる

問題解決が進まない場合、実はある共通した原因が潜んでいます。まずは、こんなエピソードから話を始めましょう。


あるカップルがケンカをしてしまいました。

彼氏のテルオが、彼女のチヒロちゃんと食事に行く約束を忘れてしまった、というありがちなシチュエーションです。

「本当にゴメン！　来週だと勘違いしてたんだ」

テルオはひたすら謝りましたが、許してもらえません。

「こうやって約束を忘れるの、もう3回目だよ？　このままじゃ付き合っていけないかも」

とうとう破局まで匂わされてしまいます。

どうすれば許してもらえるのか……テルオは考えました。

「また予約しよう。今度は忘れないように、スマホのカレンダーにスケジュールをちゃんと入れておくから！」

そんなテルオの提案に対するチヒロちゃんの返答は、こうでした。

「いや、いいよ。もうあのお店に行く気分じゃないし、そういうことじゃないんだよね」

「え……ちょ、ちょっと待って！ どういうことなの！」

テルオはどうしたらいいのか、わからなくなってしまいました。

（別の店を探してみようか。それともサプライズでプレゼントを渡してみたらどうだろう。いや、旅行が好きだからそっちのほうがいいかも……）

モヤモヤと考えているうちに、1週間、2週間と時は過ぎるばかり。

「ヤバい、クリスマスまであと2週間になってしまった。今年はプロポーズしようと思っていたのに……何かいいアイデアはないかな」

これは、問題解決が行き詰まってしまう典型的なパターンです。テルオは約束を忘れたことの埋め合わせをしようと考えていますが、チヒロちゃんはもっと根本的な関係の改善を求めているため、まるで噛み合っていません。これでは旅行やプレゼントを提案しても撃沈するだけでしょう。

人は一刻も早く解決したい問題に直面すると、「すごいアイデア」をつい求めてしまいます。しかしそれでは、アイデアが出なかったり、何かアイデアが浮かんでも問題の急所を外して失敗するといった結果になりがちです。

超速の問題解決のスタートとして、まずみなさんに知っていただきたいのは、**いきなりアイデアを出そうとするのは間違い**だということです。

ところがビジネスの現場では、「アイデア探し」に走ってしまい問題解決が止まってしまうケースが溢れています。

無駄な会議が増えるワケ

みなさんは会議や打ち合わせに出ていて、「何も結論が出なかった」とか「こんなことなら自分の作業をしていたほうがマシだった」などと思ったことはないでしょうか。あるとしたら、それも「アイデア探し」に陥っていることが原因かもしれません。

例えばこんなシーンです。

上司がチームのメンバーに声をかけて、緊急の打ち合わせをしています。

「今期の予算、未達になりそうだ。予算達成に向けて営業のテコ入れ策を考えよう。上から施策を押し付けるより、みんなで考えたほうがモチベーションも上がるし、結果も出ると思う。遠慮せずに、みんなどんどんアイデアを出してほしい」

この瞬間から、**打ち合わせに参加しているメンバーの思考は、「アイデアを出す」ことに向かってしまいます。**

「やっぱりテレアポを増やすしかないんじゃないですか？」

「それも必要だと思うけど、時間がないんだから確度の高い顧客に絞って提案することが大事では？」

「でも数字が取れてる人もいるんだから、まずその人のノウハウを共有したほうがいいんじゃない？」

「いや、それだったら、取れる人に必ず同行してもらう仕組みにしちゃったほうが確実でしょ」


一見すると活発に議論されているように見えますが、やっていることはアイデアの乱れ打ちです。多くの場合、何をするのか決められず同じような会議が繰り返され、その多くは「無駄会議」になりがちです。

「アイデア探し」から入ると、話し合っているようで話が進まず、考えているようで考えていない、無駄な時間になりがちです。

では、アイデアもなしに、どうやって超速で問題解決をするのか？　実は、**問題解決力の高い人たちがやっている、あるポイントをつかむだけで、どんな人でも問題解決を加速させることができます**。

できる人は地図を持っている

では「アイデア探し」の思考から、どう抜け出すのか。ここで、この本で紹介する問題解決メソッドの全体観を整理しておきましょう。

①「3つのボックス」で問題解決の地図を広げる　→第1章
②「3回考える」ことで解決までの最短経路を見つける　→第2章
③ 他人の頭を借りて確実に速くゴールへたどり着く　→第3章

このメソッドでやろうとしていることは、要するに**「問題解決までの最短距離を無駄なく一直線に走り切る」**こと。それが超速の問題解決です。

この本を読み進めるうえで強く意識していただきたいのは、迷ったら地図を見るという、ごく当たり前のことです。

問題解決できる人とできない人の大きな違いは、そもそも問題解決の地図を持っているかどうかにあります。

問題解決力の高い「地頭のいい人」というのは、天才的な発想をするアイデアマンではありません。そんな風に見える人であっても、**頭のなかでは必ず「現状はどうなっているか」「どうなれば解決された状態になるか」を極めてロジカルに整理しています**。つまり、いちかばちかのアイデア勝負をしているわけではなく、現在地と目的地が記された地図を持って、筋道立てて考えながら進んでいるのです。

「問題が起きた→何をしよう」ではなく、まず問題の地図を広げて、「こうしたい」というテーマを持つ。これを意識することから、すべての問題解決は始まります。

この本のメソッドを実践するのに、すごい発想力や豊富な経験は必要ありません。

超速! 問題解決の3ステップ

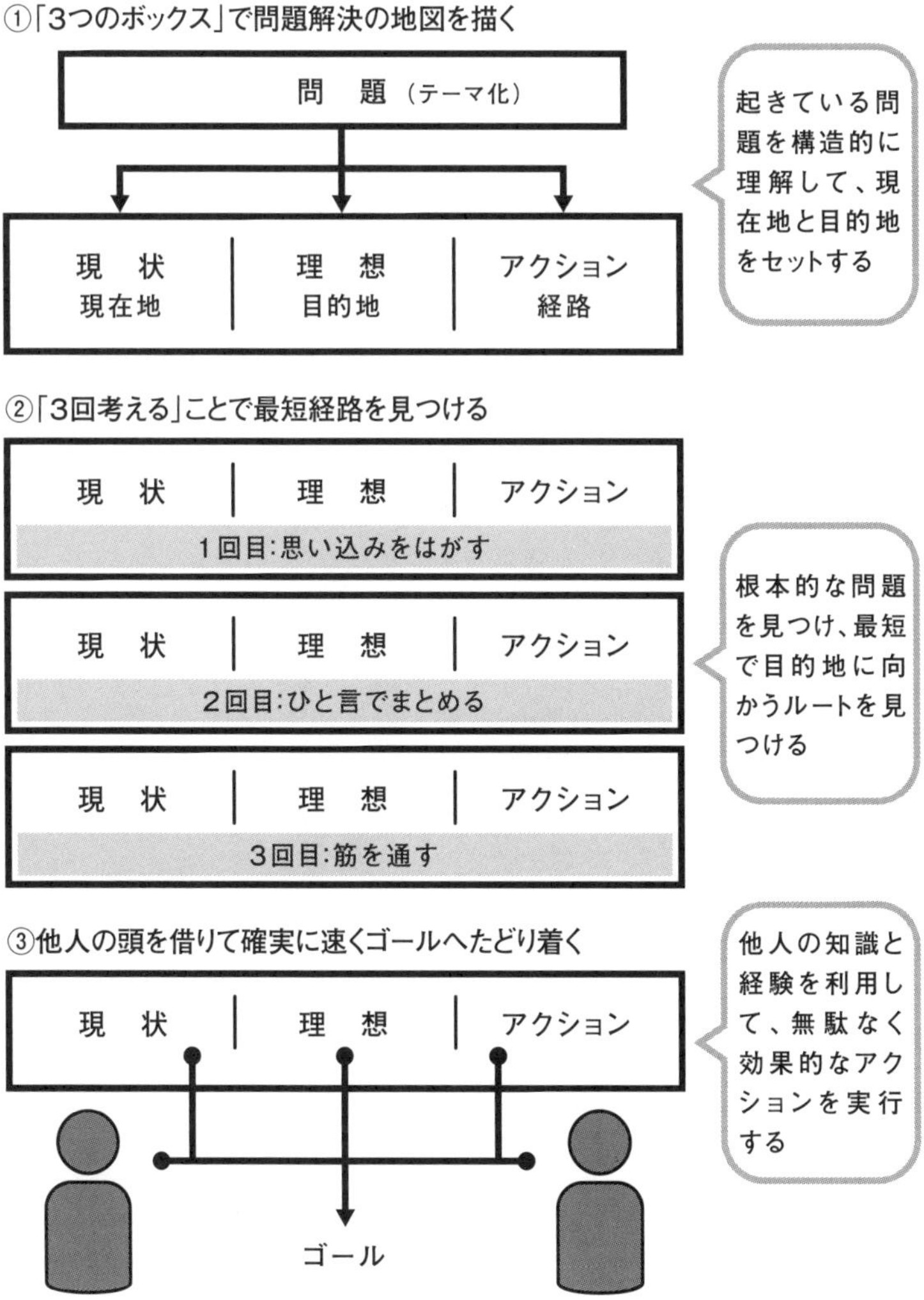
①「3つのボックス」で問題解決の地図を描く
問　題（テーマ化）
現　状
現在地
理　想
目的地
アクション
経路
起きている問題を構造的に理解して、現在地と目的地をセットする
②「3回考える」ことで最短経路を見つける
現　状
理　想
アクション
1回目:思い込みをはがす
現　状
理　想
アクション
2回目:ひと言でまとめる
現　状
理　想
アクション
3回目:筋を通す
根本的な問題を見つけ、最短で目的地に向かうルートを見つける
③他人の頭を借りて確実に速くゴールへたどり着く
現　状
理　想
アクション
ゴール
他人の知識と経験を利用して、無駄なく効果的なアクションを実行する

「頭の使い方」を変えよう

テルオの例も「3つのボックス」を使って地図を描くと、問題の見え方がずいぶん変わります。**地図といっても、ペン1本、紙1枚で「現状」「理想」「アクション」という3つの枠を書くだけ**です。

テーマ	彼女と仲直りしたい
現状	彼女が怒っている
理想	彼女と結婚する
アクション	彼女の気に入る店を探す 旅行を提案する プレゼントを渡す

あらためて現状と理想を考えてみると、これまで意識していなかったことが見えてきます。

例えば現状でいうと、「彼女が怒っている」という現象が目の前にあるわけですが、それだけでは漠然としていてよくわかりません。もう少し具体的にすると「彼女が自分と別れようとしている」状況ですし、それはテルオが何度も約束を忘れ、要するに彼女をないがしろにしているからです。

一方で理想を考えると、テルオは彼女と結婚したいと言っています。ところがこのままでは結婚どころか破局してしまいます。

では、そうならないためにどうすればいいのか？　それがアクションです。テルオが旅行を提案したり、プレゼントを渡したりすることで、果たして彼女は破局を思い直してくれるでしょうか。ちょっとそうは思えません。

むしろ必要なのは思い切ってプロポーズすることかもしれないし、彼女に思いを伝えるラブレターを送ることなのかもしれません。

このように、**とりあえず問題の地図を広げることで、思考が巡るきっかけをつかむことができます**。すると最終的なアクションも、当初とは違った切り口で考えることができます。

仕事ができる人のすごいアイデアや斬新な発想も、ベースにはこういった「頭の使い方」が必ずあるのです。

問題解決とは〝カーナビ運転〟のようなもの

問題解決できる人の「頭の使い方」は、「カーナビ運転のようなもの」と理解してください。

車を運転していて道に迷ったとき、私たちはごく自然にカーナビを使います。そして現在地と目的地を確認して、最適なルートを検索します。地図を確認せずに、自分の感覚で右折したり左折したりしていても、意外と目的地に着かないという経験はみなさんにもあるのではないでしょうか。

問題解決はそれとよく似ています。冒頭でテルオがプレゼントや店選びで悩んでいるのは、**現在地も目的地もわかっていないのに、右に曲がるか、左に曲がるか、悩んでいるようなもの**です。

超速の問題解決メソッドでは、まず「3つのボックス」を使って現在地と目的地を明らかにします。これはカーナビで**目的地をセットする**ようなイメージです。

次に「3回考える」ことで最短経路を見つけます。これはカーナビの**ルート検索**です。

そして最後の詰めは「他人の知識や経験を借りる」こと。これは運転途中で、**地元の人に道を尋ねる**ようなことだといえます。

スピーディな問題解決というと、「あっという間に解決策がひらめく」とか「たちどころに悩みが解消される」といったイメージを持たれがちです。しかし、ひとくちに問題といっても千差万別で、**あらゆる問題を一瞬で解決できるような魔法は残念ながら存在しません**。

私はこれまで、たくさんの経営者やマネジメント層の方々と共に様々な問題を解決してきました。そのなかで、**あまたある問題解決の考え方やフレームワークが、実はビジネスの現場でほとんど機能していない**ことに気づきました。

つまり、問題解決のためのツールは持っているけれど、問題解決のやり方がわからないのです。

そこで必要なのが、私が「頭の使い方」と表現している、カーナビのようなオペレーティングシステムです。

地図を開いて、目的地をセットして、最短経路を割り出し、運転する。**問題解決の一連の「頭の使い方」をインストールしていれば、どんな問題にも対応できるようになり、フレームワークもより効果的に使いこなすことができます。**

「実行する」
とは
「人を動かす」
こと

問題解決においては、**当たり前ですが「アクションを起こす」ことがとても大切**です。

経験したことであればアクションすることは難しくありませんが、未知の問題になると、**具体的な実行策にまで辿りつけないことが多くなります。それこそが、致命的に問題解決を遅らせてしまう原因です**。

例えば、事業が赤字になってしまったときに、売上を伸ばせないか、コストを下げられないか、あるいは撤退すべきなのか、ものすごくいろんなことを考えますが、**「これだ！」というアクションを決め切れず、赤字を大きくしてしまうようなケースです**。

問題は認識しているけれど何をすればいいのかわからない、という意味では、冒頭のテルオの例と同じ状態に陥っている会社は少なくありません。

なぜそうなるのかといえば、繰り返し述べている通り、問題の地図を見ずにアイデア探しの思考になっているからです。

この本の問題解決メソッドの最大の特徴は、「アクションを起こす」まで持っていけるところにあります。

そしてアクションとは、**自分も含め、誰かを動かすこと**に他なりません。

未知の問題に直面したとき、とにかく苦しいのは**「何をしたらいいのかわからない」まま、「時間と労力だけが奪われていく」**ことです。

・いいアイデアが浮かばないまま、気づいたら何十分も経ってしまった
・何度打ち合わせをしても、結論が出ない
・上司に相談しても、具体的な指示がなく動けない
・いろいろとアイデアは出るものの、どれかに決め切れない

こうしたことはすべて、次のアクションが決められないまま、停滞してしまっている状態です。

この本のメソッドを使えば、漠然とした問題もロジカルに整理して、アクションを導き出すことができるようになります。

そうして**ロジカルな判断と実行を繰り返すことが、超速の問題解決につながる**のです。

「何をするのか」決められないことが、致命的に問題解決を遅らせる!

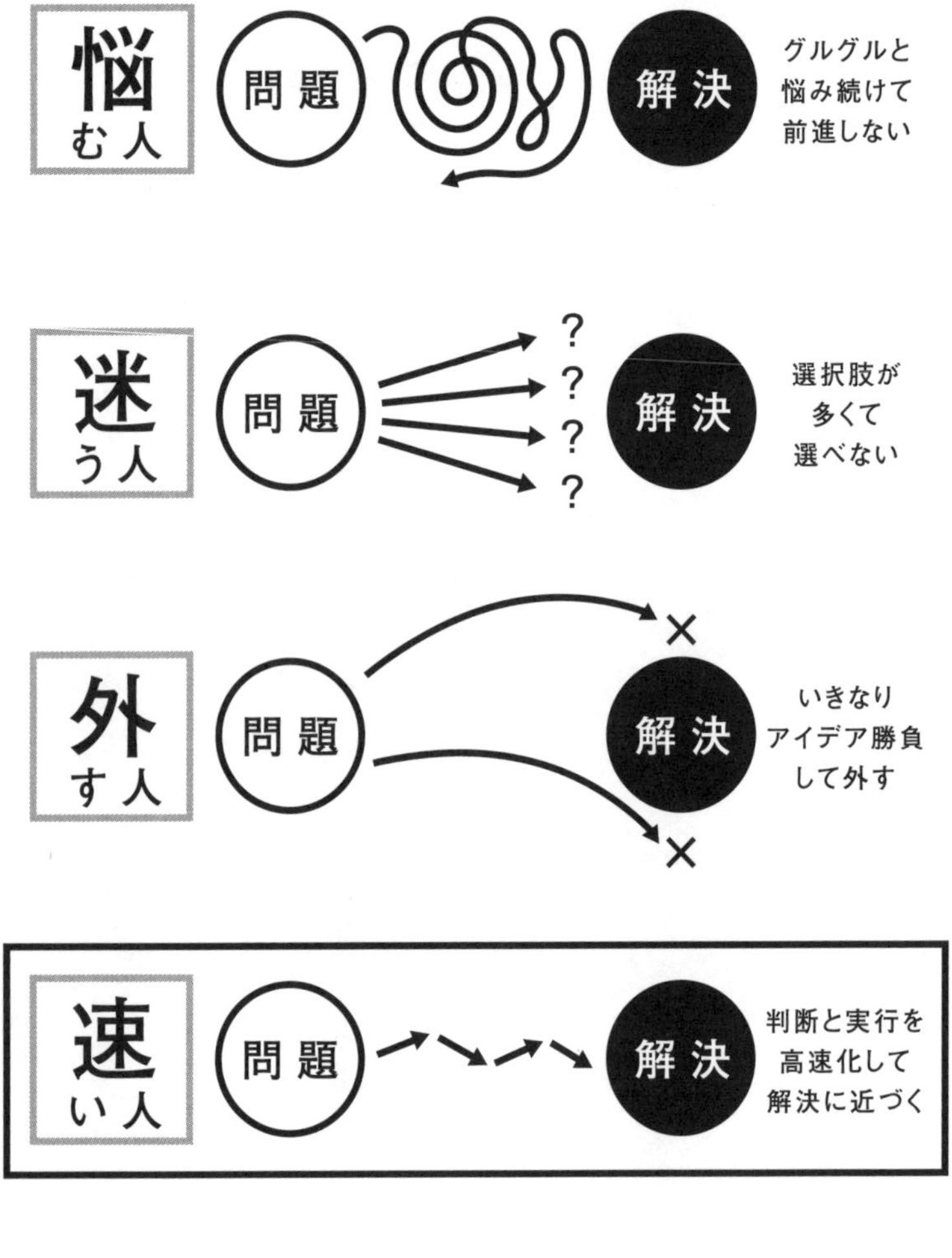

悩む人
問題
解決
グルグルと
悩み続けて
前進しない
迷う人
問題
?
?
?
?
解決
選択肢が
多くて
選べない
外す人
問題
×
解決
×
いきなり
アイデア勝負
して外す
速い人
問題
解決
判断と実行を
高速化して
解決に近づく

実行できるアクションが決まる!
それが超速! 問題解決のメソッド

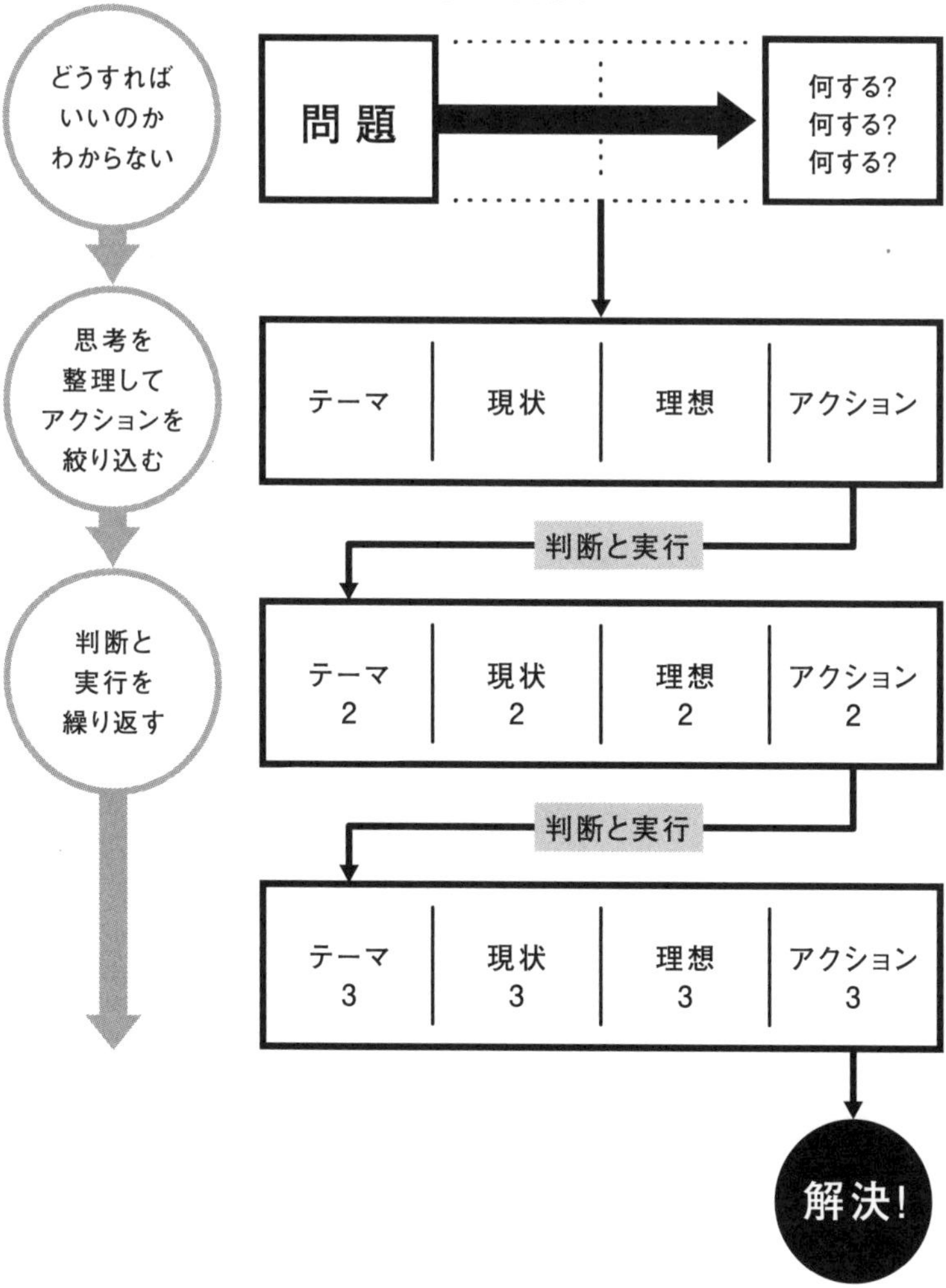

考えて動く人になる

「もっと自分で考えて主体的に動いてほしい」

企業の経営者やマネジメント層に話を聞くと、こんな意見を本当によく聞きます。一方で若手の社員からは、「上司に相談しても結論が出ない。決めてくれない」という話も出てきます。

このすれ違いは、**「考えて動く」とはどういうことかが共有されていない**ために起こります。

「考えて動く人」というのが、つまり問題解決できる人です。そして問題解決できることの価値は、過去にないほど高まっています。

多くの企業はかつてないくらいのスピードで変化や革新を求められています。それに対応するには一人ひとりが自ら問題を発見して自律的に働いていかなければなりません。

働き方改革でも、労働集約的な作業から脱却し、頭を使って効率よく成果をあげていく知的集約型の働き方が求められるようになりました。

さらにいえば、副業が徐々に解禁され、個人が様々な場でマルチに能力を発揮することも、もはや珍しくありません。

メディアでは時折、「なぜ日本の労働生産性は低いのか」という議論が起こります。

それは**問題解決のための「頭の使い方」を学ぶ機会の少なさが要因**だと考えています。

私たちは学校教育で問題は「与え」られ、覚えた解答を「出し」てきました。しかし、社会では自ら問題に「気づき」、新たな解答を「創る」ことを求められます。この学校と社会のギャップに悩む人が多いように感じます。このギャップを乗り越えるテクノロジーはいまだ存在しません。自分たちで学び、使い、磨いていく以外に方法はないのです。

終身雇用も今は昔、転職やパラレルワーク、あるいはフリーランスとして働く形が珍しいものではなくなりつつある現在、**問題解決の「頭の使い方」を身につけた人材ならば、いくらでも自分で考え、自分自身をうまく動かしていける**はずです。

超速の問題解決メソッドは、あなたの人生の可能性を大きく広げる武器になります。直感的にやりたいことや、夢のようなことさえ、現実にしていくことができるでしょう。

問題解決力で自ら人生をより良いものにする。本書の読者の方には、そのような働き方をしていただきたいと考えています。

「型」を持てば問題は怖くない

超速の問題解決メソッドを身につければ、**どんな人やどんな企業を相手にしても、どんな問題が発生しても、冷静に対処できるようになります。**「頭の使い方」がわかると、たとえ未知のことや未経験のことでも、応用を利かせられるからです。

実際に、私がコンサルティングする企業は、エンタメ企業もあれば、スポーツクラブや、食品のメーカー、外食産業など業種も業態も様々です。私がサラリーマン時代に働いていたのは広告業界だけですから、まったく知識や経験のないジャンルのクライアントを支援する機会のほうが多いくらいです。

コンサルタントは、クライアント企業の方々からすれば「外部の人間」ですから、結果が伴わなければ信用していただけません。もっともらしい分析をして、「こうすべきだ！」と提案するだけでは価値はありません。

クライアントが実行して成果をあげられる点にコンサルタントとしての能力を問われます。

私はクライアントと互いに同じ地図を見て、最短経路を考え、アクションします。迷いそうになったら、土地勘のある人に知恵を借りて前進します。どんな問題でも「同じやり方」で解決してきました。

頭の使い「型」を持つことは、問題解決の基礎を極めることだといえます。

芸事や武道の世界では、修行の段階を「守破離」と表現することがあります。守↓破↓離の順にレベルアップしていくわけですが、「守」は型や基本の技を確実に身につける段階、「破」は他の流派などからいいところを取り入れて自分なりに昇華する段階、「離」は独自に新たな流派を確立する段階です。

達人と呼ばれる人やその道を極めた人というのは、必ず**「守」から始めています。「守」とは本質を学ぶことであり、原理原則を理解することに他なりません。**

基礎をおろそかにすると策に溺れます。

問題解決も同じです。フレームワーク集やテクニック集はインプットとしては役に立つでしょう。しかし、日々直面する多種多様な問題を解決するためには、まず頭の使い「型」を身につけておく必要があるのです。

第1章

「3つのボックス」で地図を広げる

現在地と目的地をインプットする

超速の問題解決のスタートは、現在地と目的地を示す地図を広げてみることです。その地図となるのが「3つのボックス」です。

頭のなかであれこれと渦巻いていることを「現状」「理想」「アクション」の3つにわけることで、問題の現在地（＝自分が置かれている状況）と、目的地（＝どこへ向かおうとしているのか）を整理します。

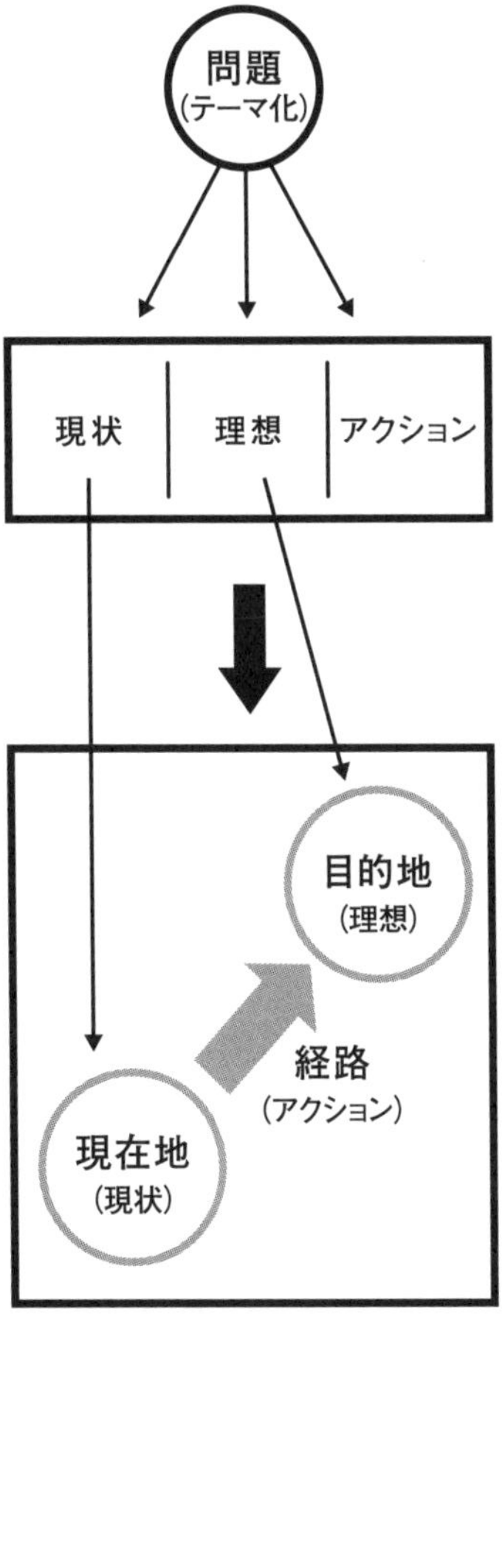

問題を構造的に理解する

「3つのボックス」に整理することには、**「物事を構造的に理解できる」**という効果があります。

構造というのは、構成要素と、要素間の関係です。簡単にいうと、何が、どういう状態になっているかということ。**漠然とした問題も、何が、どういう状態か分解してとらえることで、冷静に見つめることができる**ようになります。

構造化は問題解決をスピーディに進めるための重要なキーワードです。少しややこしい話なので、わかりやすい例で説明します。

私たちは普段、構造化を意識していないので、目の前にあるものや現象を直感的にとらえがちです。

例えば道を歩いていて、前方から向かってくる自転車と衝突しそうになったら、「危ない」とか「ヤバい」ととらえます。ではみなさんがもし

「ヤバいので助けてください」と言われたら、どう思うでしょうか？　おそらく、何がどうヤバいのか教えてほしいと思うはずです。

この場合**「ヤバい」を構造的にとらえると「自転車と衝突しそうになっている状態」**になります。もっと具体的にいえば「前方から自転車が自分に向かってきていて、あと4メートルほどで衝突してしまう」などと表現することもできるでしょう。

すると「ヤバい」のなかに隠されていた要素と要素の関係がわかり、意味がはっきりします。こうなれば対策を考えることもできるはずです。

最近では「おいしい＝ヤバい」「かわいい＝ヤバい」「おもしろい＝ヤバい」などと、なんでも「ヤバい」で表現する人もいますが、それで通じるのは、聞いている友達が無意識に構造的な意味を理解しているからです。

ビジネス上の問題に置き換えても同じことがいえます。例えば「売上が悪くてヤバい」という問題も、「商品Aが100の仕入れに対して20しか売れていない」と構造的に分解すると、意味がわかります。そして「仕入れを減らしたほうがいい」といった対策を考えることができます。

このように**情報の抜け漏れを防いだり、因果関係を特定できるのが構造化のメリット**です。

「3つのボックス」を地図とするならば、構造化は住所を特定していくような作業といえるでしょう。

構造化は日常生活のなかで簡単に訓練できます。

「かっこいい」「ウケる」「かわいい」など、普段は一言で表現してしまうことも、何がどういう状態なのか一つひとつ構造的に考えることを習慣にしてみてください。もし重大な問題が起きたときにも自然と構造化できて、冷静に考えることができるようになります。

わけると
わかる

「3つのボックス」にわける、というのは、実はロジカルシンキングの基本を踏まえたメソッドです。

日本語の「わかる」と「わける」は、同じ語源を持つとされています。つまり、**物事を分離させるということは、本来、理解することと同じ**だということです。逆に物事がいっしょくたになって入り組んでいる状態は、カオス、要するに混沌として理解しがたい状態ということになります。

ビジネスでも、**仕事ができる人はあらゆることを分解して考える**習慣ができています。

仕事をしていると、やることが多くて何から片付けていいかわからない、スケジュール通りに進められない、ファイルや資料の整理ができない、といった状況に陥ることがあります。

それは、わけて考えることができていないからです。複雑に絡み合った状況も、時間や優先度、緊急度、難易度、作業の種類、関わる人など、様々な要素で切り分けることができます。そうすることで一つひとつの作業が分解され、目の前の混沌とした状況が紐解かれていくのです。

わける考え方は、人とコミュニケーションを円滑にとるときにも非常に役に立ちます。

例えば「営業ができない」という人に、ただ「営業力をつけろ」と言っても何も伝わりません。営業といっても、顧客リストを作る、電話をかける、訪問してセールスする、ニーズを引き出す、クロージングする、信頼関係を築くなど、多くのことが含まれるため、「できない」という本人の頭のなかは混乱した状態に陥っています。

伝え方が上手な人は、まずわけて考えて、「ニーズの引き出し方をこう変えてみよう」などと具体的に指導することができます。

「3つのボックス」は、このわける考え方を、問題解決の実行に結び付けられるように考えたメソッドです。

問題を解決するという混沌とした状況を、「現状」「理想」にわけて、現状と理想のギャップを埋めるための「アクション」に落とし込んでいく。こうした「頭の使い方」をシンプルに整理できるのが「3つのボックス」なのです。

書き方①

アクションを起点に書き出す

ここからは、「3つのボックス」の書き方を具体的に解説していきます。

ボックスの書き方、一つ目のポイントは、アクションから書くことです。

現状から書いていくのが普通ではないかと思われるかもしれませんが、今やろうとしていることをまず書いて、それはなぜ？　という考え方で現状を書いていくほうが、書きやすくなります。


「3つのボックス」は、アクションが本当に意味あるものなのか、どれが正しいのかを検証するようなイメージで使うのが、上手な使い方です。


では具体的な例を使いながら、実際にボックスを埋めてみましょう。

ここではお題として「最近、残業時間が増えている」というシチュエーションで考えてみます。会社に提出する営業報告書が増えて、それが終わらず残業している……そんな状況を想定してみてください。

アクションとしては、いくつかの対策が思い浮かびます。同僚に手伝ってもらう、移動時間にメモする、報告書を書くスキルを上げる、などです。人によっては他にもいろいろと思いつくかもしれませんが、ここでは報告書を書くスキルを上げるというアクションをとりあえず書くことにしましょう。

問題解決に慣れてくればアクションをいくつも書いて構わないのですが、**最初は一つに絞ってしまうことをおすすめします**。なぜなら思考の起点を一つ定めておいたほうが、複雑な問題でも混乱しにくくなるからです。

いくらでも選択肢がある、という状態は、一見いいことのように思えますが、迷いのもとになりやすくもあります。すると思考が停滞するので、あえて一つに絞ってしまったほうがいいのです。

テーマ	残業時間を減らしたい
現状	
理想	
アクション	報告書を書くスキルを上げる

今やろうとしているアクションを1つ書く

書き方②

現状を構造的に書く

続けて「現状」を埋めていきます。現状は、地図でいえば現在地にあたります。

現状を書くときのポイントは、次の2つです。

・アクションをしなければならない背景として考える
・構造的に書く

いきなり現状を書いてください、と言われても、書こうと思えば何でも書けてしまいますし、かえって何を書いていいのかわかりません。

ですから最初は**「なぜアクションをするのか」を考えるきっかけにしてみましょう**。今回の例でいえば「なぜ報告書を書くスキルを上げようと思っているのか」です。

もちろん、「残業時間が増えている」問題があるからです。

ここで次のポイント、構造化です。起きている現象をそのまま書くと「残業時間が増えている」で間違いないですが、これでは「ヤバい」と変わらないくらい曖昧です。**何がどういう状態なのかという視点で言葉にしてみる**と次のようになります。

「提出する報告書の数が増えている」

これで現在地のセットが完了しました。もちろん、実際にはもっと細かく書ける場合もありますが、ここで考えすぎてしまうと問題解決が進まないので本末転倒です。

目安としては、**何が、どうなっていると「一文で書ける」程度**にまとめられるといいでしょう。

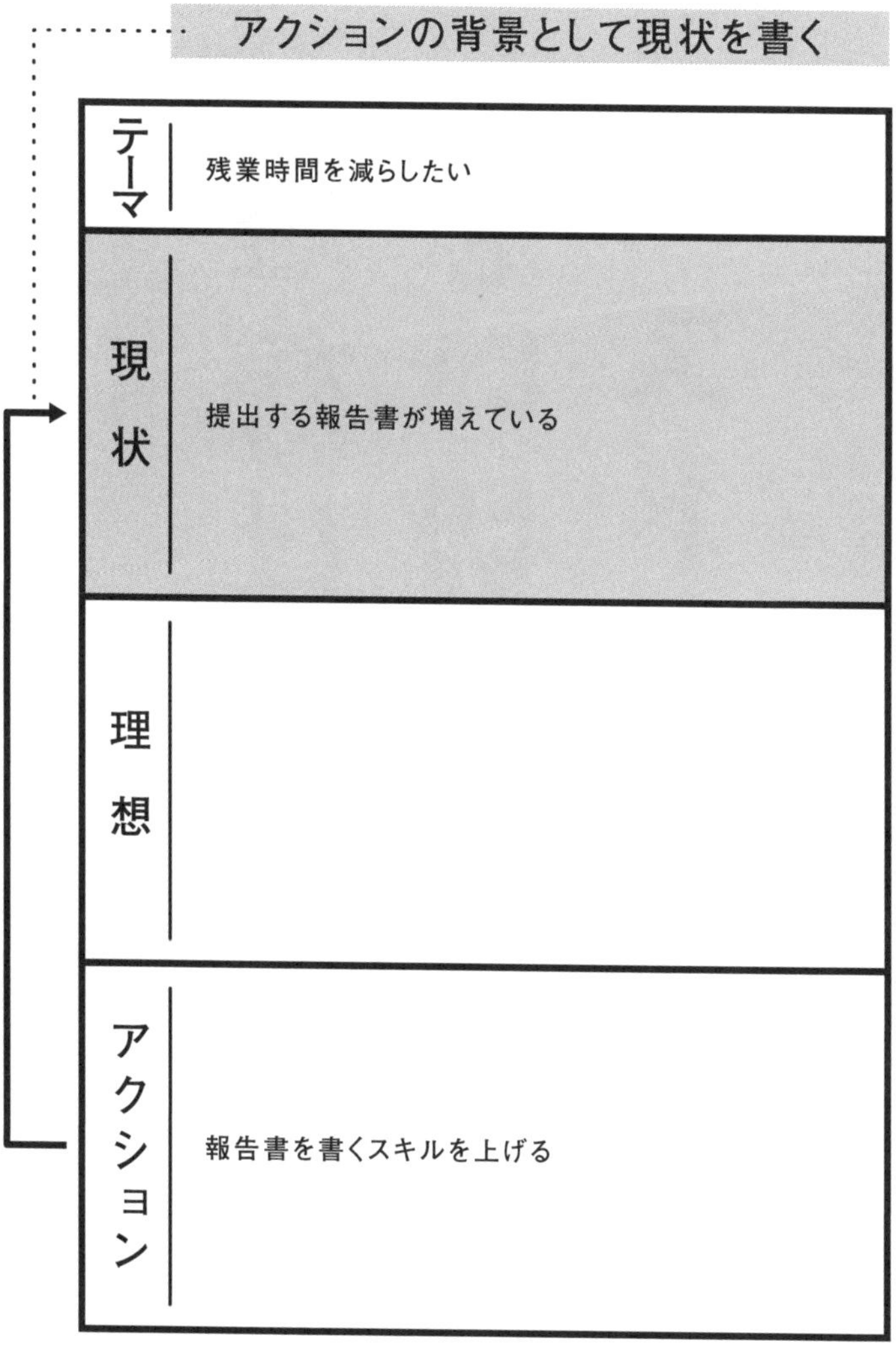
アクションの背景として現状を書く
テーマ
残業時間を減らしたい
現状
提出する報告書が増えている
理想
アクション
報告書を書くスキルを上げる

書き方③

理想は思い切ってベストを書く

アクションと現状のボックスが埋まりました。最後は「理想」のボックスを書き込んでいきます。理想は地図でいうと目的地です。

ここでもポイントは、現状に対して何がどういう状態になればいいか、構造的に書くことです。

あくまで理想なので、**「こうなればいいな」「こうなってほしいな」というイメージで構いません**。

現状が「提出する報告書が増えている」となっているので、理想は次のようなことになります。

「提出する報告書の数が減る」

今回の例題では、要するに仕事が楽になるということで十分かもしれませんが、「頭の使い方」に慣れるために、ここはしっかりと構造的に書いておきましょう。

気をつけないといけないのは、現実に引っ張られて思考が制限されてしまうこと。そうすると自分の本音とズレてしまって、モヤモヤが残ってしまうからです。**可能か不可能かはとりあえず無視して、思い切って言葉にすることが重要**です。

例えば仕事が楽になるといっても、人によって理想の状態はそれぞれ違っているはずです。毎日定時に帰れるようになる、という状態を理想とする人もいるかもしれません。

理想のボックスを書くのは、自分が目指すべき目的地を定めるためですから、思い切ってベストを書いてください。

現状から考えるベストな状態を思い切って書く

テーマ	残業時間を減らしたい
現状	提出する報告書が増えている
理想	提出する報告書の数が減る
アクション	報告書を書くスキルを上げる

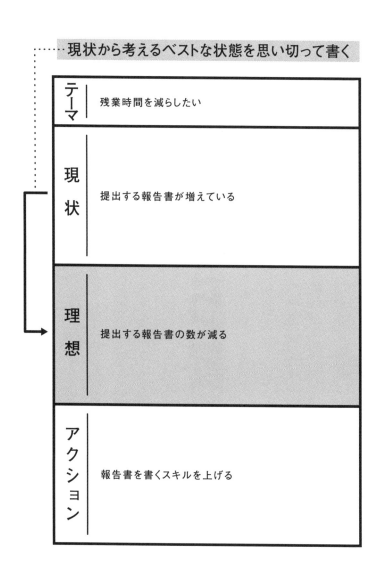

迷ったら書け

ここまで「3つのボックス」の書き方を説明してきましたが、**何より大切なのは、とにかく「書く」習慣をつけること**です。

問題に直面したとき、悩んだり迷ったりしていることについて、ただ言語化するだけでも格段に問題解決のスピードは高まります。最初のうちはうまく構造化できないかもしれませんが、それでも**書き続けることで問題のとらえ方は少しずつ変わってくる**ものです。

私も独立してコンサル業を始めたばかりの頃は、今のようにメソッドを持っておらず、ひたすらに書くことで思考を整理していました。この段階で問題の解決策などを難しく考える必要はありません。意識するのは現在地と目的地をプロットした地図を描くことであり、今直面している状況を言葉にしてみることです。

仕事に限らず、日常生活のなかには「3つのボックス」を書くトレーニングのチャンスがたくさんあります。

例えば「毎月貯金をしたい」といったときにも、「3つのボックス」を書いてみるとより具体的に状況を整理できます。

無駄遣いとは、構造的に見ると何がどうなっている状態なのか。貯金を増やしたいという理想は、何がどうなっている状態なのか。とりあえず地図にしてみるだけで、「とにかくお昼代を500円にしよう」とか「外食禁止」といったアイデアの乱れ打ちに陥ることはないでしょう。

日々なんとなく思っていても、具体的に考えないまま通り過ぎていることとは意外と多くあります。何かあれば、すぐに書いて問題解決の地図にする。この「頭の使い方」をクセにしましょう。

「3つのボックス」に書けば地図になる!

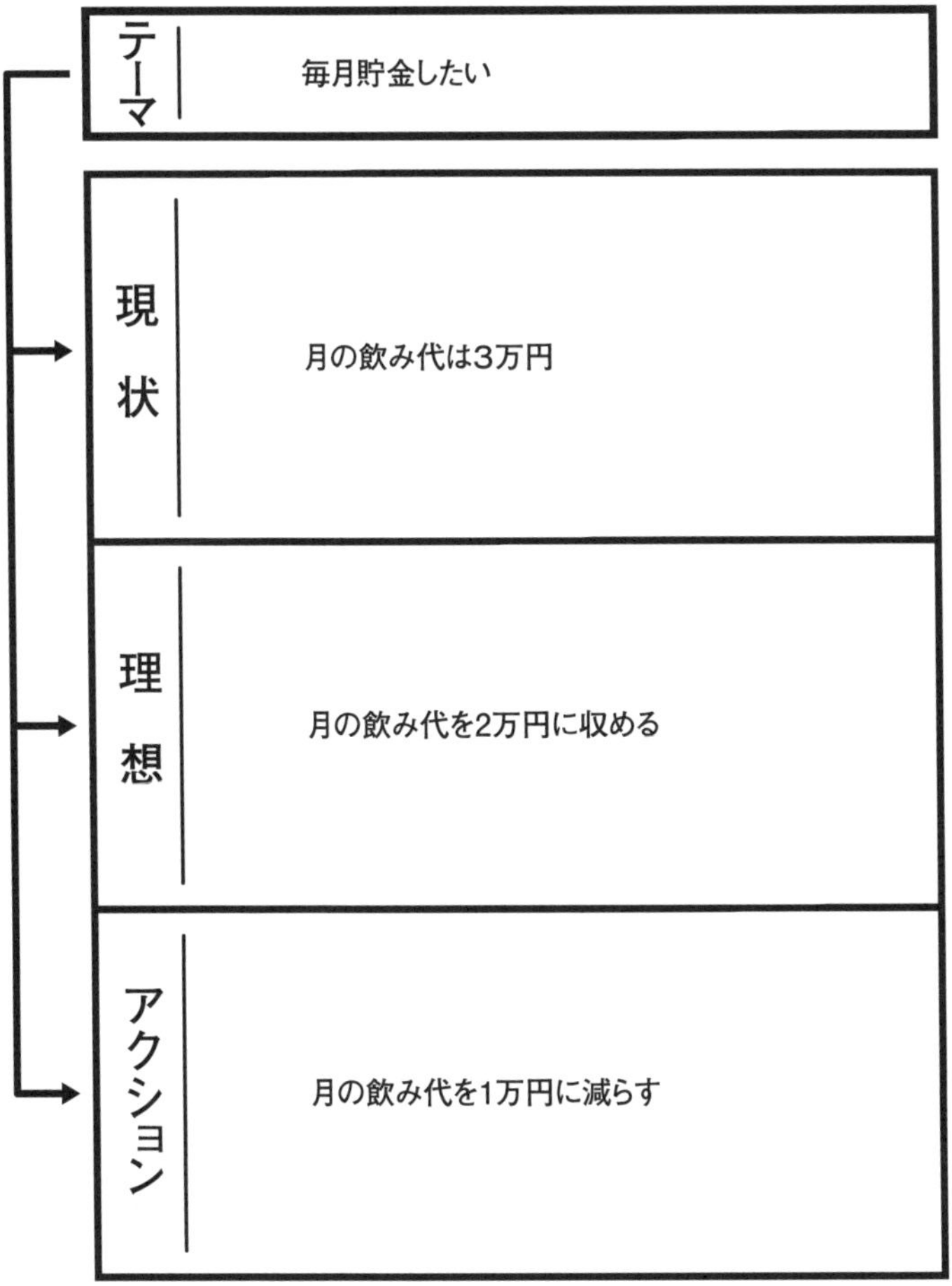

テーマ
毎月貯金したい
現状
月の飲み代は3万円
理想
月の飲み代を2万円に収める
アクション
月の飲み代を1万円に減らす

自分でテーマを設定して
「3つのボックス」を書いてみよう

テーマ	
現状	
理想	
アクション	

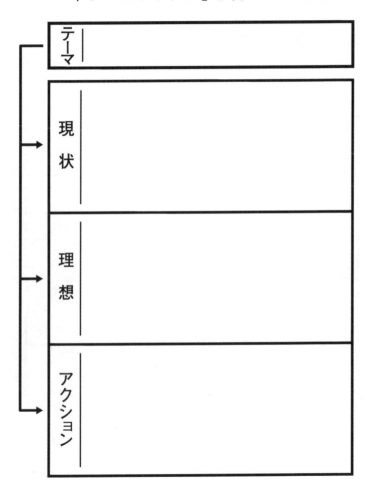

第2章

「3回考える」ことで最短経路を見つける

目的地への最短経路を探る

第1章では「3つのボックス」を使って現在地と目的地を明らかにして、問題解決の地図を描きました。

この章では**地図をもとに、目的地へ無駄なく到達するための最短経路（アクション）を見つけ出します**。そのルート検索の方法が「3回考える」思考法です。

3回考える順番は、次の通りです。

1回目：「思い込み」をはがす
2回目：ひと言でまとめる
3回目：筋を通す

これは、考えを「発散する」→「収束する」→「判断する」というロジカルシンキングの流れをより実践的にしたメソッドです。

なぜ「3回考える」のか？

具体的なやり方に入る前に、3回にわけて考える意味について説明します。

そもそも、**問題解決が苦手な人の多くは、段階をわけて考えることをしていません。**「考える」というと、1回で長い時間、考え込んでしまうケースがほとんどです。じっとデスクやパソコンと向かい合ったまま考え続けて、気がついたら何十分も経っているのに作業が進んでいない、といったことは私も過去に経験があります。1回でゼロから100まで考えて答えを出そうとするスタイルだと、ときには何かを思いついたり、ときには整理してみたり、思考が前後したりと、まとまりがなく頭のなかが整理できないので、なかなか答えを出すことができません。

例えばクイズの答えを考えるような場合は、1回の思考でも頭のなかがぐちゃぐちゃになることはありません。正解が用意されているからです。

しかし問題解決という、明確な正解がないことを考える場合、いくらでも考えることができてしまいます。とりとめがなく、収拾がつかなくなってしまうのです。

「3回考える」思考法を使うのは、何を考えるかを明確にして、区切りをつけやすくするためです。

1回目の「思い込みをはがす」では、**問題の背景を洗い出します**。
2回目の「ひと言でまとめる」では、**問題の本質を抜き出します**。
3回目の「筋を通す」では、**アクションの精度を高めます**。

こうして現在地から目的地に向かうための最適なアクション＝最短経路を、実行できるレベルで導き出すのがこの章のテーマです。

郵 便 は が き

切手を
お貼りください

105-0003

（受取人）

東京都港区西新橋2-23-1
3東洋海事ビル
(株)アスコム

思考と行動を高速化する
超速! 問題解決

読者　係

本書をお買いあげ頂き、誠にありがとうございました。お手数ですが、今後の出版の参考のため各項目にご記入のうえ、弊社までご返送ください。

お名前	男・女	才
ご住所　〒		
Tel	E-mail	
この本の満足度は何％ですか？		％
今後、著者や新刊に関する情報、新企画へのアンケート、セミナーのご案内などを郵送またはｅメールにて送付させていただいてもよろしいでしょうか？　□はい　□いいえ		

返送いただいた方の中から**抽選で5名**の方に
図書カード5000円分をプレゼントさせていただきます

当選の発表はプレゼント商品の発送をもって代えさせていただきます。
※ご記入いただいた個人情報はプレゼントの発送以外に利用することはありません。
※本書へのご意見・ご感想およびその要旨に関しては、本書の広告などに文面を掲載させていただく場合がございます。

●本書へのご意見・ご感想をお聞かせください。

ご協力ありがとうございました。

3回にわけて考えると
ロジカルに思考を深められる!

1回目

思い込みをはがす	発　散	気づいていなかった問題の原因や影響に気づく

2回目

ひと言でまとめる	収　束	発散させた思考をもとに、問題の本質を抽出する

3回目

筋を通す	判　断	現状と理想をつなぐ最適なアクションを決める

1回目

思い込みをはがす

ではさっそく、1回目の「思い込みをはがす」思考の具体的なやり方を説明します。

第1章では「3つのボックス」を使って、今起きている問題を構造的に理解できる状態にしました。ここからは、より速く、無駄なく一直線に目的地に到達するために、思考を深めていきます。「思い込みをはがす」はその第一歩です。

突然ですが、みなさんは寝る前に「緊急地震速報」が鳴ったとしたら、どのような行動をとりますか？

急いで貴重品をまとめて避難の準備をしますか？　それとも、避難訓練のように机の下に潜ったりするでしょうか？

一説によると、ほとんどの人が「何もしない」のだそうです。

なぜ急にこんな話をしたのかというと、**人は無自覚に思い込んでいる**、ということを知っていただくためです。
緊急地震速報のようにアラートが鳴っても何もしない人が多いのは、「自分は大丈夫だろう」と思い込んでいるからです。これは「正常性バイアス」といって、誰にでも起こりうる思い込みの一つなのです。

問題解決を考えるうえでも、「人は思い込むもの」だという前提を持つことはとても大切です。思い込んでいることが事実と異なっていたら、解決策を間違ってしまうのはもちろん、そもそも現在地が正確でなかったり、無意味なアクションをとってしまったりします。

例えば仕事で「商品が売れない」という問題があったとき、発言力のある上司が「他社より性能で劣っている」と言った途端に、現場ではそれが「事実」になってしまうようなことはよくあります。実際には価格やデザインが原因だったとしても、あらゆる議論が「性能が劣るから売れない」ことを現状としてスタートしてしまいます。もし本当の売れない原因がデザインにあったとしたら、いくら性能アップに資金を投じても無駄になりかねません。「性能が劣る」という間違った現在地を設定してしまうことで、「高性能商品を開発する」という的外れな目的地をセットしてしまいます。

ですから、「自分は何かを思い込んでいる」前提で、問題の背景を丁寧に洗い出すことが不可欠です。

とはいえ、自分が思い込んでいることに自ら気がつくのは簡単ではありません。そこでここでは、**問題解決で重要な思い込みをはがす7つのキークエスチョン**を紹介します。

【現状のボックス】

Q1：（現状に対して）以前はどうだった？

現状になる前の状態を思い出し、変化に気づくキッカケを作ります。「潮目が変わったポイント」まで遡りましょう。

Q2：大きく変化したことは何か？

変化の引き金となった事象を探り当てるクエスチョンです。生活習慣や環境、心理的なことなど、大きな変化はなかったか思い出しましょう。

Q3：それを引き起こしている要因は何か？

真の問題に辿り着くための最も重要なクエスチョンです。真の問題解決とは、事象を発生させる要因を抑える、変える、取り除くといった行動をとることにあります。

【理想のボックス】

Q4：要因が続くと最悪どうなる？

要因が将来引き起こすインパクトを明らかにします。ここが理想を実現するモチベーション、原点になります。

Q5：要因がどういう状態が理想か

Q3の要因を抑える、変える、取り除いた理想の状態をイメージします。

Q6：具体的にはどのような状態になるといい？

問題解決のゴールを決める最も重要なクエスチョンです。現状からこのゴールへのアクションが、問題解決の最短経路になります。

【アクションのボックス】

Q7：理想を実現するために取り組むことを3つ挙げると？

ゴールへ近づくために必要なアクションを考えます。1つでも2つでもいいですが、3つくらい出してみましょう。はじめに「●●する」、次に「●●する」、そして「●●する」とステップにして考えるのも手です。

こうして現状と理想を、時間的な変化や、変化を及ぼしている背景の側面から問い直すことによって、それまで気づいていなかった真の問題をあぶり出します。それこそが、真の解決策に辿り着くための賢い「頭の使い方」です。

次の項目では事例を使って、実際にどう思い込みをはがすのか、より具体的に説明しましょう。

7つのクエスチョンに答えてみよう

Q1:（現状に対して）以前はどうだった?
Q2:大きく変化したことは何か?
Q3:それを引き起こしている要因は何か?
Q4:要因が続くと最悪どうなる?
Q5:要因がどういう状態が理想か
Q6:具体的にはどのような状態になるといい?
Q7:理想を実現するために取り組むことを3つ挙げると?

P94で書いたボックスを使って答えてみてください。

見えていなかった経路を洗い出す

先ほど説明したキークエスチョンを使って、第1章で例示した「残業時間が増えた」問題を考えてみましょう。

【現状のボックス】

Q1：（現状に対して）以前はどうだった？

今ほど報告書の数は多くなかった。

Q2：大きく変化したことは何か？

営業する会社の数が増えた。

Q3：それを引き起こしている要因は何か？

営業の受注する割合が低下している。

【理想のボックス】

Q４：要因が続くと最悪の場合どうなる？

さらに営業する会社の数を増やすことになる。

Q５：要因がどういう状態が理想か？

営業の受注する割合を上げる。

Q６：具体的にはどのような状態になるといい？

商品を買ってくれそうな顧客に提案している。

【アクションのボックス】

Q７：理想を実現するために取り組むことを３つ挙げると？

顧客の購買傾向を分析する。

確度の高い購買層を抽出する。
住所、連絡先、担当者などを一覧にする。

最初に書いたボックスから、かなり要素が深く細かくなりました。それによってアクションも書き換わっています。

表面的な現象だけをとらえると、提出する報告書が増えて、とにかく早く終わらせられるようになりたいからスキルを上げるというボックスになっていました。ここではその背景をキークエスチョンによって浮き彫りにしていくことで、報告書の数が増えるという現象に**隠れていた数々の要素をとらえる**ことができています。

ここまでが最短経路を見つけるための準備段階。**見えていなかった経路を洗い出した状態**だと考えてください。次からは最短経路を特定するタームに入ります。

テーマ	残業時間を減らしたい
現状	（提出する報告書の数が増えている） Q3：変化を引き起こしている要因は何か？ 営業の受注する割合が低下している。
理想	（提出する報告書の数が減る） Q6：具体的にはどのような状態になるといい？ 商品を買ってくれそうな顧客に提案している。
アクション	（報告書を書くスキルを上げる） Q7：理想を実現するために取り組むことを3つ挙げると？ ・顧客の購買傾向を分析する。 ・確度の高い顧客を抽出する。 ・住所、連絡先、担当者などを一覧にする。

経路を洗い出してみよう

テーマ	
現状	Q3:変化を引き起こしている要因は何か?
理想	Q6:具体的にはどのような状態になるといい?
アクション	Q7:理想を実現するために取り組むことを3つ挙げると?

P109の内容をもとに、Q3・Q6・Q7を書き出してみてください

2回目

ひと言でまとめる

1回目の「思い込みをはがす」思考によって、真の問題に迫ることができました。次にやることは、「ひと言でまとめる」思考です。

何かを**ひと言でまとめるという行為は、物事の本質をとらえる思考を働かせます**。カーナビに例えると、道筋を決めることに相当します。問題解決において本質をとらえられるようになると、根本的な問題にいち早くアプローチすることが可能です。つまり、**現状（現在地）から理想（目的地）へと一直線に進むことができるようになり、迅速な問題解決ができる**のです。

ひと言でまとめる際のキーワードは**「要するに」**です。ボックスに書かれていることの本質をまとめてください、と言われても観念的で、うまくできません。そんな場合は、「要するにこういうこと」と表現してみると意外とうまくまとめられます。

実際に先ほどの事例でやってみましょう。

現状のボックスには、次のことが書かれています。


「営業の受注する割合が低下している」

この要因をひと言でまとめると、

「要するに、営業の打率が落ちている」

ということです。


同じように理想のボックスも整理すると次のようになります。

「営業の受注する割合を上げる」

「買ってくれそうな顧客に提案している」

この具体的な状態をひと言でまとめると、

「要するに、的を絞って提案する」

ということです。

アクションのボックスも整理してみましょう。

「顧客の購買傾向を分析する」

「確度の高い顧客を抽出する」

「住所、連絡先、担当者などを一覧にする」

これをまとめると

「要するに、見込み客リストを作る」

となります。

こうしてひと言でまとめてみると、**本質的な問題は「マーケティング」にあった**ことがわかります。単純に報告書を書くスキルが低いということであれば、そのスキルを身につければ解決するでしょう。しかし今回の事例では、報告書の数を増やす原因が除去されない限りは、同じ問題を繰り返してしまいます。スキルを身につけることは対症療法にしかならず、根本的な問題の解決にはならないのです。

確度の高い顧客に絞って提案すること。それが、問題解決の最短経路だといえるのです。

テーマ	残業時間を減らしたい
現状	(提出する報告書の数が増えている) Q3:変化を引き起こしている要因は何か? 営業の受注する割合が低下している。 ▶ 要するに、営業の打率が落ちている。
理想	(提出する報告書の数が減る) Q6:具体的にはどのような状態になるといい? 商品を買ってくれそうな顧客に提案している。 ▶ 要するに、的を絞って提案する。
アクション	(報告書を書くスキルを上げる) Q7:理想を実現するために取り組むことを3つ挙げると? ・顧客の購買傾向を分析する。 ・確度の高い顧客を抽出する。 ・住所、連絡先、担当者などを一覧にする。 ▶ 要するに、見込み客リストを作る。

「要する」力の鍛え方

ひと言でまとめるとき、しっかりと本質をとらえられているのか不安な人もいるかもしれません。そんな人に送るアドバイスは2つです。

まず一つは、**10〜15文字以内に収めること**。1回目の「思い込みをはがす」思考で問題の背景が見えているなら、まとめ方は多少違っても、まるっきり本質からずれることはありません。「要するに」でくくるのは、散らかった思考を強制的にシンプルにするためですから、決まった文字数のなかに詰め込んでみるだけで、それなりにシンプルになります。

Yahoo!ニュースのトピックスは、パッと見て内容がイメージできるよう13文字の制約を設けています。もちろん表現が上手い、下手の差はあると思います。ただ慣れないうちは、**上手くやるよりも「とにかく10〜15文字以内に収めてみる」**ことを優先してください。

もう一つのアドバイスは、日頃から訓練しておくことです。**ひと言でまとめる力は、普段から何にでも「要するに」をつけてみることで、誰でも鍛えることができます。**

例えば次のようなことを、みなさんもひと言でまとめてみてください。

・今日がどんな日だったか
・好きな映画や本の内容

やってみると、なかなか難しいことに気がつくのではないでしょうか。
普段から「要するに」をクセにしていると、アウトプットのいいトレーニングになるので、苦手だと思う人もぜひトライしてみてください。

参考になるのは映画の予告編や新聞の見出しです。

「この映画は、若くして病に襲われた男が、40年の短い生涯を愛する女性に捧げた真実の物語です」

そんな風に最初に言われれば、なんとなく映画全体のテーマやトーンがわかり、細切れのダイジェストでも場面一つひとつに意味を感じられます。

ただ、**やたらに凝ってしまうと、かえって意味がわからなくなる**ことが多いので、そういう意味では新聞の見出しのほうが、より端的で明快です。いつ、どこで、何があったのか。見出しを見ればおおよそつかめるように新聞は作られています。

面白いキャッチコピーをつける必要はありません。「要するにどういうことか」をなるべく短く表現するクセをつけましょう。

3回目

筋を通す

3回目の思考は、目的地までの最短距離を走れるかどうか、アクションを検証する作業です。2回目の思考でまとめたアクション↓理想↓現状の順に並べ替えて、「そうすると」でつなげてみましょう。


「見込み客リストを作る」

そうすると、

「的を絞って提案する」は実現できる？

そうすると、

「営業の打率が落ちている」は変えられる？


一見すると、きちんと筋が通っているように思えます。しかし実は、このままでオーケーにはなりません。

3回目の「筋を通す」思考の狙いは、**アクションの精度をストレッチす**

ることにあります。

一見すると、2回目で辿り着いたアクションによって理想が実現でき、現状の問題はサッパリ解決しそうですが、アクション↓理想↓現実と逆に置き換え、あらためて問い直してみるとアクションが心もとなく感じることが少なくありません。

この例では、見込み客リストを作ると書いてあります。しかし、本当にそれで営業の打率を上げることはできるのでしょうか？

ここで、アクションの精度をストレッチするためのキークエスチョンをお伝えしましょう。

Q：そのアクションの効果を高める工夫は何か？

こう質問することで、安心しきっていた頭に、もう一度喝を入れます。

アクションの効果を突き詰めて考えていくと、例えば次のようなことが導き出せます。

「提案する優先順位を決めておく」

「提案するときのトークスクリプトを準備する」

「提案後にフォローアップする」

カーナビに例えるなら、市街地の細かい経路を作るイメージです。

アクションを考えることは、目標を掲げることとは違います。**「頑張ってこれをやろう」ではなく「これならできるよね」という実行策にこだわってください**。それが序章でも述べた、判断と実行の加速です。

人が動いてこそ「超速」

問題を実際に解決するには、自分も含めて人を動かすことが不可欠です。どんなアイデアも実行されなければまったく意味がありません。

例えば次のようなアドバイスを受けたら、みなさんはどう思うでしょうか。

「体重を落とさなくちゃ」→「毎日5キロ走ればいいじゃん」
「英語を話せるようにしたい」→「半年くらい留学したらいいじゃん」
「お金を稼ぎたい」→「給料のいい会社に転職すればいいじゃん」

それができたら苦労しないよ！　というアドバイスばかりです。本当に実行できるなら確かに問題は解決できるでしょうが、本人の状況や背景を無視すると、このように「絵に描いた餅」になってしまいます。だから、地図を開いて、最短経路を見つけて、実行策に落とし込んでいくメソッドが必要なのです。

私がコンサルタントとして実行支援にこだわっているのは、「無責任な正論」をクライアントに押し付けないためです。

あまり質の高くないコンサルタントは、それこそ様々なフレームワークを駆使して「ああするべき」「こうするべき」と、正論を展開します。しかし、**いくらその意見が正しくても、正論だけでは人は動けません**。なのに、結果的に何も解決されなくても、実行しなかったことが悪いのであって、コンサル自体は間違ったことは言っていない、などという奇妙なことになってしまうのです。

超速の問題解決は、人が動いてこそ成立します。そのための地図であり、最短経路です。**この本のメソッドは、超速で人を動かすメソッドと言**

い換えてもいいでしょう。

問題解決のフレームワーク集をいくら読んでも、人を動かす方法は書いていません。

問題の分析から実行までを一気通貫して考える「頭の使い方」を、ぜひ身につけてください。

ひと言でまとめてみよう

テーマ	
現状	Q3:変化を引き起こしている要因は何か? ▶ 要するに、
理想	Q6:具体的にはどのような状態になるといい? ▶ 要するに、
アクション	Q7:理想を実現するために取り組むことを3つ挙げると? ▶ 要するに、

P115の内容をもとに「要するに」で表現してみてください。

第3章

他人の頭を借りて問題解決を超速化する

餅は餅屋。
蛇の道は蛇

この章でやることとは、**第2章までで導き出した結論にさらに磨きをかけて、より速く問題を解決する**ことです。

そのために「他人の知識や経験」を利用します。第2章までが「自分の頭の使い方」ガイドとするなら、本章は「他人の頭の使い方」ガイドです。

何かしようと思って人に相談する状況は、ほぼ次の3つに絞られます。

・自分の経験が乏しく、判断の基準がほしい
・自分の知識だけでは物足らず、もっと有用な情報やアイデアがほしい
・言語化や情報整理が苦手で、もっとスッキリ頭のなかをまとめたい

人が自信や確信を持って動けるのは、十分な知識と経験があり、高い確率で「未来が予測できる」ときです。仕事で上司やベテラン社員が、何か

を判断したり人に指示を出したりできるのは、「そうするとどうなるか」がある程度読めているからです。

逆に、どんな立場の人でも、どれだけ歳を重ねた人でも、そもそも知らないことや経験がないことについては、予測の精度が低くなり、自信も確信も持てず動きは鈍くなります。未知の問題を一人で解くのは、おのずと限界があります。

ならば、**自分では自信がない部分に関しては、土地勘のある人の頭を借りてしまえ**、というのがこの章の主旨です。

例えば地図を手に目的地周辺まで来て、目的の場所を見つけるなら地元の人に聞くのが手っ取り早かったりします。問題解決においても、最後の詰めは詳しい人に頼るというのが最速で最適な手段です。

私の場合は仕事柄、まったく知識のないジャンルや業界のクライアントと一緒に問題解決する局面が多々あります。もちろん、今の時代はインターネットで手軽に調べられますが、問題解決に使える「活きた知識」はその道に詳しい人から「聞き出す」他に手はありません。**見知らぬ場所で調査や勉強に途方もない時間と労力を費やすよりも、その道の専門家から、生の知識や経験を借りたほうが、圧倒的に速く問題を解決できます。**

餅は餅屋。

蛇の道は蛇。

土地勘のある人にアクセスし、その人の頭をうまく使うことが、問題解決を「超速化」します。

「丸投げ」は
バカのすること

他人の頭の使い方を解説する前に、一つ注意点があります。それは、いくら土地勘のある人だからといっても、「じゃ、あとはよろしくお願いします！」と「丸投げ」するのは厳禁だということです。

ビジネスの現場で、たまに「いくつか案を提案してください」という方がいます。これが丸投げです。

問題解決では、あくまでも解決する主体は「自分」であって、知識や経験でサポートするのが他人です。それを、解決の主体を「自分」から「他人」にしてしまうことは、問題解決を自ら放棄してしまうことに他なりません。

例えば自分が命の危険にさらされているときに、お医者さんに「命が助かる方法をいくつか提案してください」とは言いませんね。

問題解決を他人に丸投げしてしまう人は、往々にして「自分で考えるのは無理」もしくは「考えることが面倒」だと思っています。

本当に問題を解決したいのであれば、無理、面倒という考えを捨て去ることです。頭を使わないのはバカのすること。せっかく人として頭脳を与えられたのですから、いっぱい使いましょう。使った分だけ知識や経験が広がり、人生が豊かになります。

自分で地図を広げ、自信のない部分に絞って相手の頭を借りて、確信が持てるところまで引き出す。これこそ賢い人の「頭の使い方」です。

問題解決できる人というのは、前例のないことや、前例主義ではうまくいかないことに、どんどんトライしていきます。部署や企業の枠を越えて、多種多様な人たちとコラボレーションしながら、新しい仕事を作っていきます。それが問題解決の醍醐味であり、面白さです。

様々な人の協力を得ながら**主体的に問題解決に挑んでいくことで、「自分だけの経験」を積むことができますし、「自分だけの問題解決ネットワーク」が広がっていきます**。それが、他の人材やテクノロジーに代えがたい、唯一無二の価値になるのです。

問題解決を丸投げすることは、自分の成長や価値を高めるチャンスを放棄してしまうことです。丸投げした結果、楽してうまくいく可能性もありますが、それでは問題が生じるたびに人任せにするのが癖になってしまいます。自分のなかには何も蓄積されず、いつまでも受け身の働き方から抜け出すことができません。

問題解決の主役は自分です。**自分で判断して、自分で人を動かすからこそ、成功も失敗も糧になる**のです。

「確証度」をチェックする

実際の問題解決では、第2章の「最短経路を見つける」ところまで進めたときに、一つの分岐があります。

最短経路について自分で確信が持てるのであれば、そのまま実行します。そうではなく、**イマイチ自信が持てないようなら、他人の頭を借りて、問題解決のスピードアップを図ります**。

とはいえ、自信があるかどうかがそもそもわからないという人もいるでしょう。そんな人におすすめの**自信測定法が「3つのボックスを未知か既知にわける」こと**です。

自信があるかどうかは主観的ですが、未知であるかどうかは客観的に判断できます。

問題解決における未知と既知のわけ方には、2つの軸を使います。

一つの軸は「動かす人の軸」です。**アクションを起こすのが「自分」な**

のか、「他人」なのかが一つのわかれ目です。

第2章までの例のように自分が動くなら、何をモチベーションに、どんなことができるかなど、ある程度わかっているはずです。しかし、他人が動くとなると、わからないことが色々と出てきます。

ビジネスにおいては、自分一人で完結する問題のほうが少ないはずです。上司や部下や同僚はもちろん、クライアント、外部のパートナーなど、ほとんどの仕事で自分以外の人に動いてもらう必要があります。そして自分との距離感が遠い人を動かすときほど、未知の部分も増えて当然です。そういうときこそ、動かす相手やそれに近い相手の頭を借りて、相手が動くメリットや、何ができるかなど、未知の部分を解消していく必要があります。

未知と既知をわける**もう一つの軸は、「専門知識の軸」**です。

例えば自分の体調のことはよくわかり「微熱があって、だるくて咳が出る」という状況であれば、ほぼ100%の確信をもって風邪だろうと判断できると思います。風邪の症状程度の知識はあるからです。ところが「雨が降ると偏頭痛がする」といった特殊な状況になると、風邪ではない疑いが出てきます。医学的な知識がなければ判断ができません。

ビジネスでも同じです。例えば、営業担当者が取引先に提示する契約内容を知っていたとしても、それを変えてくれと言われると、法務的な知識がなければ対応できません。

また、知識の一部にはなりますが、**「経験の軸」**もあります。

前述の例で「偏頭痛がする」といった場合、もし「こめかみをマッサージすると治った」という経験が過去にあれば、それが一つの行動基準になります。もちろんそれが正しいかどうかは別ですが、まったく経験がない人とは違う基準が経験によって得られていることには変わりありません。

ビジネスシーンでも、「契約内容を変えてくれ」と言われたとき、過去に経験があれば「法務部へ相談する」といった判断は自分でできるかもしれません。まったく経験がない人は、そもそもどうすればいいのかさえ、わからないでしょう。

自分が作り上げた**「3つのボックス」に対してその確証度をチェックする場合、ここまで述べた「動かす人の軸」と「知識、経験の軸」を使って評価してください**。

仮に自分では「すごくいいプランができた」と思っても、一度冷静に確証度を確かめることで、他人の頭を借りるべきかどうか検証するクセをつけましょう。

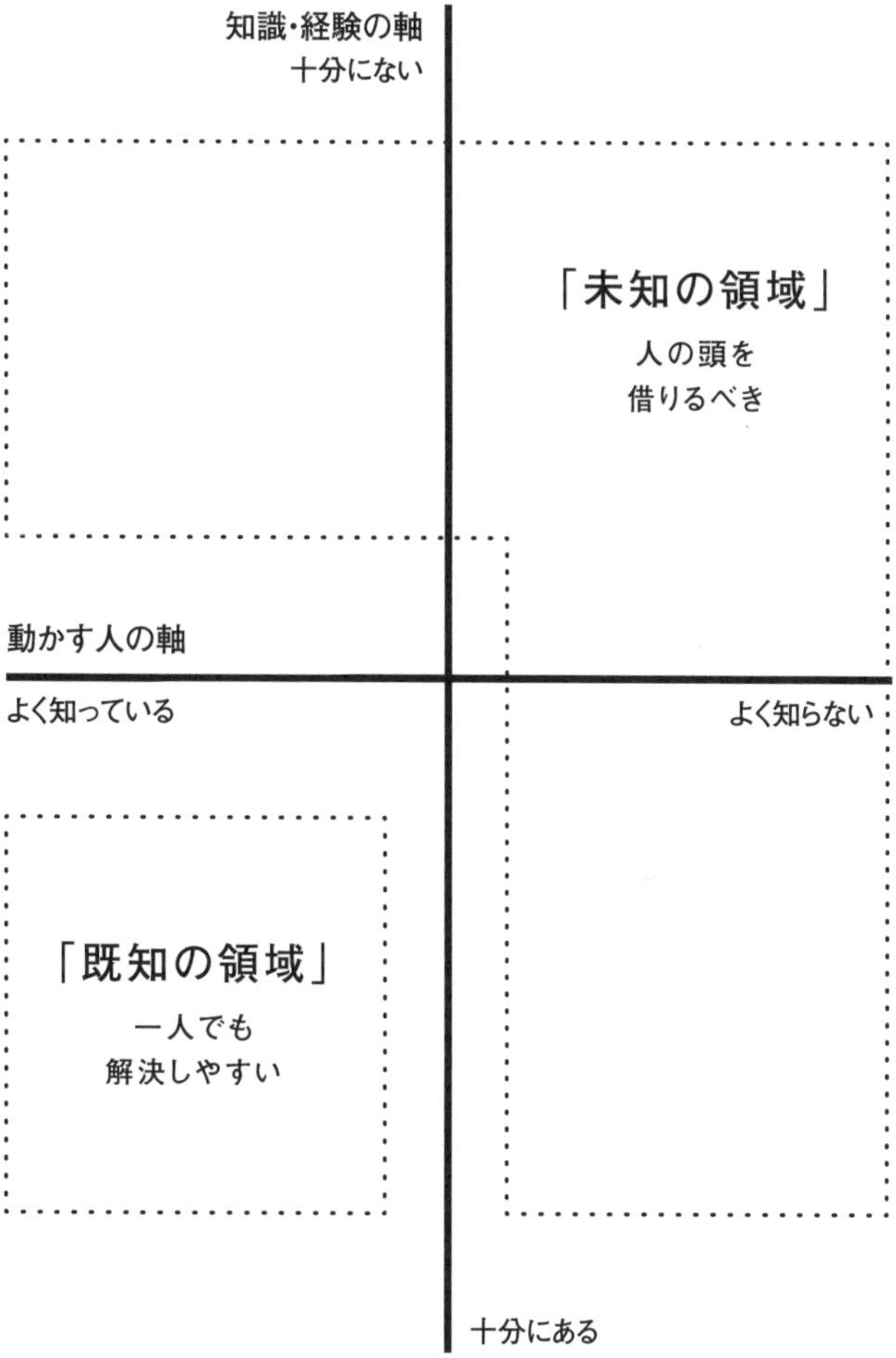
知識・経験の軸
十分にない
「未知の領域」
人の頭を
借りるべき
動かす人の軸
よく知っている
よく知らない
「既知の領域」
一人でも
解決しやすい
十分にある

借りる頭は「3種類」

ここから本格的な「他人の頭の使い方」に入ります。

前提として大事なのは、**叩く門を間違えてはいけない**、ということです。まったく土地勘のない人に道を尋ねても、見当はずれの答えしか返ってきません。

みなさんは普段、誰に、どんなことを相談しているでしょうか。

仕事のことでいえば、作業の内容ややり方については身近な先輩などに聞くことが多いと思います。プレゼン資料や見積もりの内容などについては、上司に判断を仰いだりするでしょう。経費の精算のことであれば総務関係の人に、パソコンがクラッシュしたとなればシステム部門の人に聞くはずです。

もう一歩踏み込んで考えると、同じパソコンのトラブルでも、不具合を直すのであればシステム部門ですが、買い替えたりソフトを購入するとなれば総務部が窓口になったりします。

要するに、**聞きたい内容によって相談相手は変わる**ということです。そこで相談相手を間違えると、問題が解決しなかったり、時間の無駄な浪費になったりするだけでなく、聞いた相手を怒らせてしまう結果にもなりかねません。

当たり前に思うかもしれませんが、**ビジネスでは相談先を間違えて問題解決が遅くなってしまうケースが意外と多くあります**。

例えば、クライアントへのプレゼン資料を先輩に細かく相談しながら作っていて、何度もやり直してようやく完成したとします。ところが、いざ上司の決済をとろうとしたら「そもそも違う」と方向性の段階からひっくり返る……といったことは珍しくありません。

このような場合、最初に相談した先輩が無能なわけではありません。**そもそも地図を見ていないのが大きな原因**です。この本で見てきたように、地図を開き、最短経路を探り、そして自信がない部分をはっきりさせておけば、相談する相手やその順番を間違えることなく、一直線にゴールを目指せるようになります。

叩く門を間違えないためには、**相談相手を、それぞれの機能に応じて3種類にわけてしまうのが効果的**です。

機能別に使いわける他人の「3つの頭」は次の通りです。

●判断脳

「3つのボックス＝地図」の全体を見てくれる頭脳。**進むべき方向性や、目的地の確かさを見極めたいとき**に頼りになる。

（判断脳を持っている人）

全体を俯瞰して見る立場にある管理職や経営者。細かいことは気にせず、本質や大筋をつかむことが得意な人。

●発散脳

地図にもっと他の経路がないか、可能性を広げてくれる頭脳。**情報量を増やしたり、視点を変えたりしたいとき**に頼りになる。

（発散脳を持っている人）

特定の分野で専門知識を持つ、クリエイターやプランナー、弁護士や会計士など専門職の人。新しいことや面白いことを考える機会が多い人。

●収束脳

言葉を引き出したり、情報を整理して、わかりやすくまとめてくれる頭脳。**情報の構造化や、ひと言でまとめたいとき**に頼りになる。

（収束脳を持っている人）

普段から多くの情報を扱うコンサルタントや経営企画系の人。幅広い知識を持ち、いろんな言葉でいろんな人に説明する機会が多い人。

「3つの頭」を借りて確証度を上げる

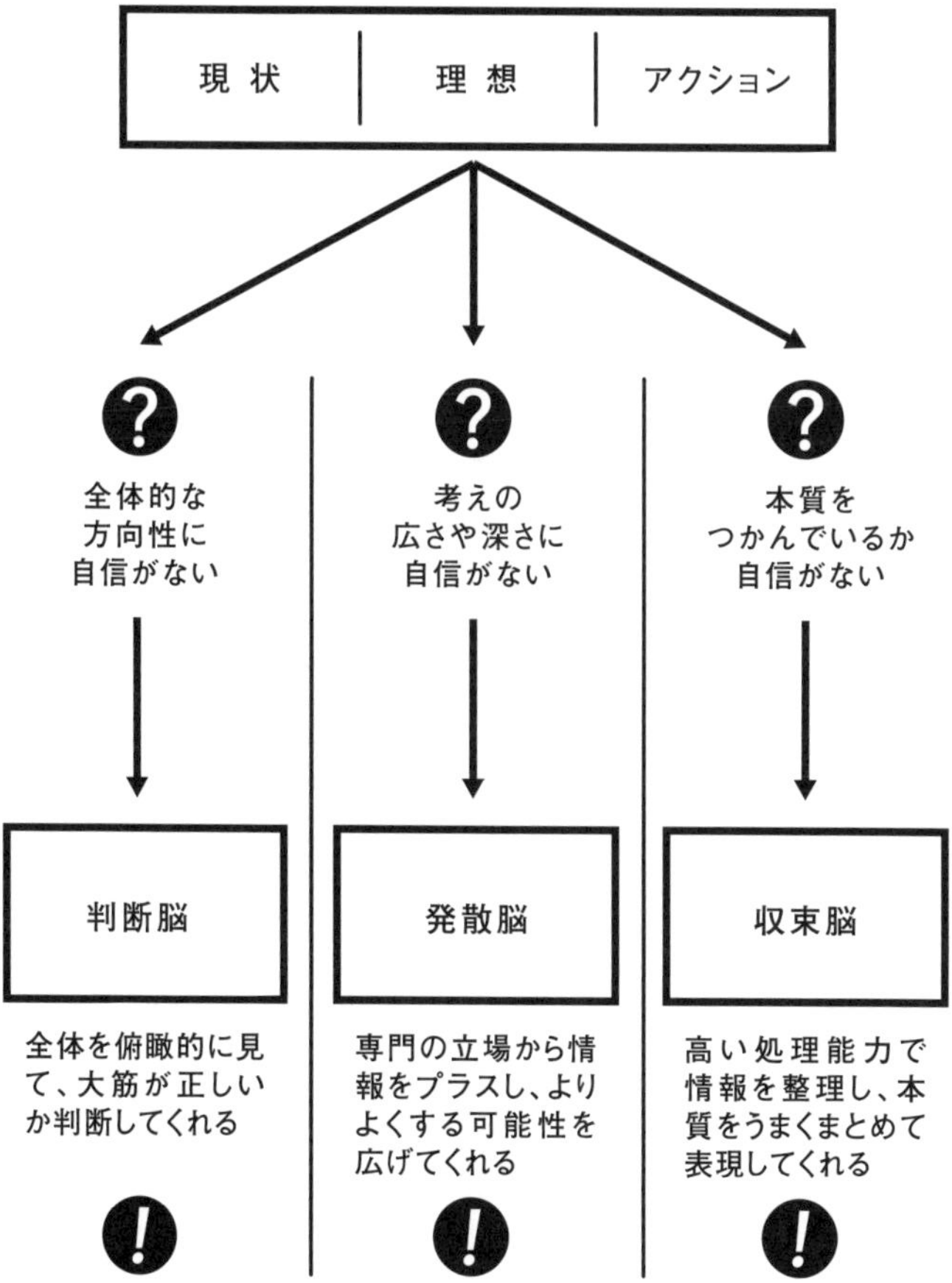

「使える頭」をストックしておく

立場や年齢にかかわらず、人はそれぞれ「強み」と「弱み」を持っているものです。

「新入社員だから何も知らないと思っていたら、ネットサービスに詳しかった」とか、「普段おとなしい人だけど、マーケティングについては造詣が深い」といったことはよくあります。

一方で「営業成績は抜群だけど、新事業の企画会議ではほとんど発言しない」などということも少なくありません。

普段の会話や、何気ない言動にアンテナを張り、「あの人は、こんなテーマでこの脳が強い」と書き出しておくと、いざ問題に直面したときに強力なツールになります。

自分をフォローしてくれそうな人を、機能やテーマごとにストックしておけば、それがそのまま問題解決の引き出しの多さになります。

「仮説」を携えて臨む

さて、他人の頭を使うときには、効率よく質の高いアウトプットを引き出すためのコツがあります。ここでは7つのポイントに絞ってコツを紹介していきますが、その前に、**大前提として必要な「仮説」の準備**についてお話しします。

ここまで、超速の問題解決では、実行できるアクションに落とし込むことが大事だと何度も述べてきました。「3つのボックス」の書き方でも、最初にアクションを書き込むと説明しました。

この「結論を仮設定して過程を遡って検証していく」考え方は、いわゆる**「仮説思考」**といわれます。

問題解決力の高い人は、仮説思考を必ずといっていいほど身につけています。ベストを目指して立ち止まるよりも、仮説に基づくベターなアクションを素早く実行して、どんどん修正していくほうが、圧倒的に速く問題を解決できるからです。

人に何かを相談するときにも、常に仮説を持っておいたほうが間違いなく効果的です。

ただし、気をつけなければいけないのは、仮説とアイデアは違うということです。

例えば「老後のお金を備えたい」というときに、「年金保険に入るのがいいと思う」というだけでは、仮説ではなく、単なる思いつきのアイデアに過ぎません。

この本をここまで読んでいただいた方なら、もうお気づきだと思います。現在地と目的地を記した地図がないのです。

「長く使わない予定の貯金がある」といった現状や、「将来は定期的に定額が入ってくる仕組みがほしい」などの理想があって、「だから年金保険がいい」という仮説になります。

つまり、第2章までで作り上げた**「3つのボックス」は、一人が頭のなかで考え得る限界まで磨き上げた仮説**だということです。そして、仮説を示す「3つのボックス」という地図が見える化されているからこそ、効率よく他人の知識や経験を引き出すことができるのです。

人に相談するのは、自分で限界まで考え抜いた仮説の精度をさらに高めるためです。

この前提を持って、次ページからは具体的な「頭の借り方」を説明していきます。

他人の頭を動かす5つのコツ

人に相談するときのコツは、いわばコミュニケーションのテクニックです。インターネットの検索エンジンと違って、人には感情がありますから、気持ちよく話してもらうような、情緒的なエッセンスも含まれます。

では、相談を持ちかけるところから締めくくりまで、5つのコツを順に説明していきましょう。これらは、「判断脳」「発散脳」「収束脳」のどの相手に相談するときにも共通するコツです。

コツ①【相談の切り出し方】

まずは、相談を持ちかけるところです。

最初に重要なのは、**相談相手の気持ちをグッと引きつける**こと。単純なことなのですが、相手が頭を貸す気になってくれなければ話になりません。

相手からすると基本的には「他人のこと」に時間を割くわけですから、本気になってくれるかどうかでアウトプットの質は大きく変わります。**話**

し方一つ、伝え方一つで相手のモチベーションは高くも低くもなるので、アプローチの仕方が実は非常に大事なのです。

やる気になってもらうコツは、**「その人を選んだワケ」を伝える**こと。

例えば「●●さんがこのテーマに詳しいと思い、ご相談しました」と添えるだけで相手は自分の価値を感じ、相談に乗る意味を見出します。

加えていうなら、事前にメール等で相談のテーマと聞きたいポイントを送っておくと、よりはっきりと「自分が相談に乗るべきだ」と自分ごととしてとらえてもらえるでしょう。ついやってしまいがちな「ちょっと相談してもいいですか？」はNGフレーズです。

コツ②【伝える順番】

仮説として持っている「3つのボックス」のうち、「現状」「理想」「アクション」をどういう順番で伝えるかも、うまくアウトプットを引き出すコツです。

そもそも**人と打ち合わせや相談をするときには、相手の頭のなかがどういう状態かを把握することがとても大切**です。お互いの頭のなかが揃っていないと、情報の抜け漏れが起こってしまい、どんどん解釈にズレが生じてしまいます。

そうならないためにも、「3つのボックス」という形ですぐに共有できる地図を持っておくことが効果を発揮します。

伝える順番は、**相手の頭の状態に応じて「アンサーラスト」と「アンサーファースト」を使いわけます**。

テーマを共有したあと、相手が相談事の背景を知らない場合は、

「現状」→「理想」→「アクション」

の順に「アンサーラスト」で仮説の「要するに」を伝えます。まず現状があって、だからこうなりたい、だからこうしようと考えている、と順に伝

えるほうが話を理解しやすいからです。初めて相談するケースなどがこれに当たります。

相手が相談事の背景を知っている場合は、
「アクション」→「現状」→「背景」
の順に「アンサーファースト」で仮説を伝えます。背景を知っている人ほど結論を先に聞きたがります。例えば、直属の上司に相談するようなケースです。そんな相手に現状からじっくり話していっても、「わかってる！」と一蹴されかねません。ですから、まずアクションを端的に伝えて、なぜならこうだから、と展開していくほうが伝わりやすいのです。

コツ③【中身の伝え方】

「3つのボックス」の順番の次は、それぞれのボックスの内容を伝えるときの伝え方がポイントになります。

第2章で3回考えたことを、逆から説明します。「要は」から入り、自分の思考の流れをさかのぼるイメージで伝えると相手の頭に残りやすくなります。

「要は、見込み客リストを作ります。具体的には①顧客の購買傾向を分析します。②……」という具合です。

ただ、相手と頭のなかがある程度同期していれば、「要するに」だけで十分通じるケースもあるので、相手の頭の状態を推測しながら情報を絞って伝えることにも挑戦してください。

コツ④【聞きたいことの引き出し方】

次は具体的に意見がほしい部分の尋ね方です。

「3つのボックス」を伝えたとして、「現状についてどう思います？」と聞かれても、相手は何を答えていいのかわかりません。もしくは、本当に思いつくことをバーっと話されて、結果的に余計な時間を消費したり、的外れな回答をもらうことになってしまいます。これらはいずれも相手の問題ではなく、引き出し方が悪いのです。

そこで思い出していただきたいのが「確証を持てない部分」です。この本のメソッドでは、問題解決の地図を持ち、最短経路の仮説を立てて、なお未知の部分、確証を持てない部分まで明らかにしてきました。

例えば、アクションについて知識や経験を求める場合は、「…というアクションを考えていますが、注意しておくべき点や、よりよい方法をご存じなら教えてください」というように、**仮説の精度を上げる聞き方**をしましょう。動かしたい人から意見を引き出したいときは、例えば「開発部門の視点から見ると、このアクションは現実的でしょうか?」と、誰の視点から意見をもらいたいのか明らかにします。実現したい「コト」と動かしたい「ヒト」の両面から、仮説の精度を上げるのがポイントです。

コツ⑤【締め方】

最後は話の締め方です。聞きたいことを聞いたあとのことなので、アウトプットの引き出し方とは直接関係しませんが、次もまた協力してくれる関係を築くために、コツの一つとして説明しておきます。

基本的には素直に相手に感謝を伝えることです。

「そのアイデア使わせていただきます」「この部分がとても参考になりました」「それは初めて知りました」と、どこが役に立ったかに加え、「ありがとうございました!」と感謝の意を伝えます。

知恵を貸してくれた人が、やる気になるようなフィードバックを心がけましょう。

複数の頭を同時に動かす

この章の最後に、他人の頭脳を借りるときの応用編、プラスアルファのノウハウを紹介しておきます。

一つは、**同時に複数の人の頭を借りる方法**です。

「3つのボックス」さえあれば、何人か人を集めて、会議や打ち合わせの形で協力してもらうことも容易になります。何度も言いますが、問題解決の地図を一発で共有できるからです。

序章でも述べた通り、**無駄な会議や打ち合わせが増えてしまうのは、地図を持っていないことが大きな原因**です。現状も理想もはっきりしないまま話し合っても、多くの場合はアイデアの乱れ打ちに終わってしまいます。

誰かに相談するときに、自分の頭のなかと相手の頭のなかを一致させる必要がある、ということは、相手が一人でも複数人でも同じです。**4人で集まるのであれば4人全員の頭のなかを揃えなければなりません。**

そこで役に立つのが「3つのボックス」です。

私はどんなクライアントと会議に臨む場合でも、**事前に「3つのボックス」で考え得る限りの仮説を立てる**ようにしています。4人も5人も参加する会議では、年齢、性別はもちろん、性格やモチベーション、テーマに対する理解度も参加者によってバラバラです。ですから、**まず「3つのボックス」で仮説を作り全員にインプットしないと、ディスカッションのスタートラインにも立てない**のです。

慣れないうちは「3つのボックス」をそのまま紙に書いて配ったり、ホワイトボードに書いたりして、文字通り「同じ絵を見る」状態を作ってしまうのがおすすめです。

「3つのボックス」を共有して頭のなかを揃える

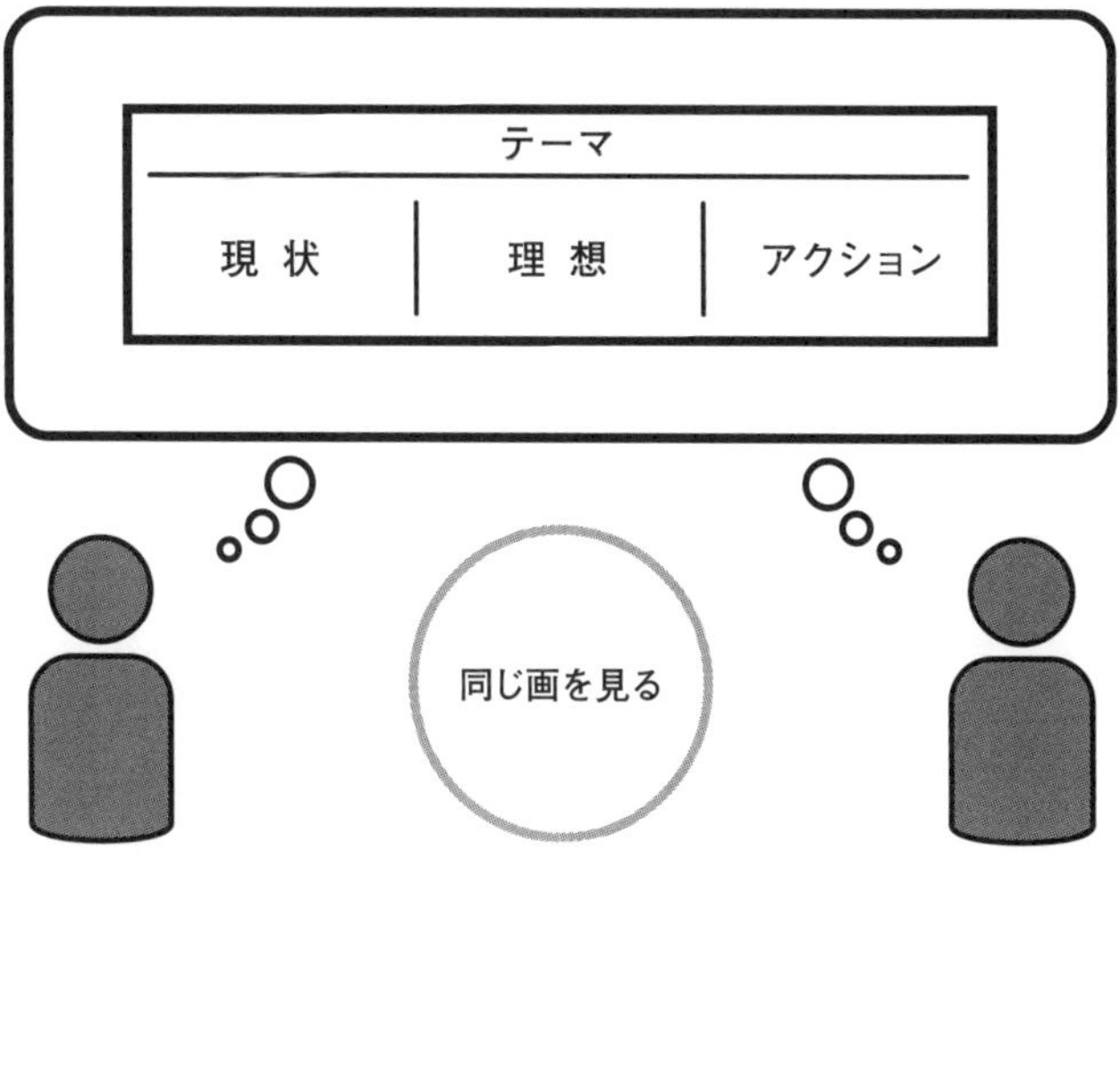

やってみよう！
「3つの頭」会議

会議や打ち合わせの場合も、「判断脳」「発散脳」「収束脳」の機能別に人の頭を使いこなすのは同じです。

私が会議や打ち合わせを開く場合には、必ず参加者一人ひとりに、3つの機能のどれかを担ってもらいます。簡単にいうと**「役割分担」をする**ということです。

例えば**4人で行う会議ならば、私の他に、「判断脳」になる人、「発散脳」になる人、「収束脳」になる人を一人ずつ集める**イメージです。

こうして参加者の機能をバラけさせておけば、ディスカッションがスムーズに進められます。

企業では、例えばプロジェクト会議を開こうというとき、「とりあえずプロジェクトメンバー全員参加」といった具合に、明確な役割がなくても人を参加させることが珍しくありません。もちろんその場で議論を聞いておくことが大事という側面もあるのかもしれませんが、会議に出ている時間がもったいないとか、共有は議事録で十分と考える人もいるでしょう。

闇雲に人を集めても、会議の場でも発言する人としない人にわかれてしまったり、「発散脳」タイプの人ばかり集まって収拾がつかなくなったり、逆に「収束脳」タイプの人ばかりで話が一向に広がらなくなったりと、典型的なダメ会議が展開されることになります。

あらかじめ**バランスよく役割分担して人を集めれば、余計な時間を奪うこともなく、「キャラ被り」でディスカッションが停滞するようなことも防げます**。

・「3つのボックス」を共有する
・参加者を「3つの機能」にわける
・みんなで「3回考える」

この**3つの基本を押さえるだけで、会議や打ち合わせは効率的になり、問題解決のレベルも一段アップさせることができる**のです。

さらに応用のテクニックになりますが、この本で解説した「判断脳」「発散脳」「収束脳」を使いわけるメソッドを、参加者全員に共有しておければ、どんなメンバーが集まる会議でも効率よく進めることが可能です。

もしみなさんが「いつも会議が無駄に長い」「長い割にたいした結論が出ない」などと感じているならば、少しずつこのメソッドを取り入れてみてはいかがでしょうか。

「やっかいな人」のトリセツ

みなさんの周りには、相談しても「とにかく否定から入って建設的な議論ができない人」や「どんどん話が脱線して何が言いたいのかわからない人」はいないでしょうか？

本章では、相談する相手をこちらが選ぶスタンスで話を進めてきましたが、会社という組織のなかでは、否応なく特定の人のチェックを受けたり報告をしたりしないといけない局面が多々あります。

あの人のチェックを受けてもダメ出しばかりで話が進まない。だけど稟議のルール上、飛び越えて話を進めるわけにはいかない。

そんなことに日々ストレスを抱えている人も少なくないと思います。

最後に紹介するのは、そんな**「やっかいな人」をうまく攻略するコツ**です。

【否定が多い人】

いわゆるネガティブ系発散脳の持ち主で、チェックが得意な人です。立場上ダメ出しが仕事というケースもありますが、**粗を探すことが得意なタイプの人は、具体的な改善案やアドバイスを送るのが苦手**だったりします。「ここがダメだと思う。もう一度考えてみて」というタイプです。

否定が多い人と話す場合、否定されたことに腹を立ててはいけません。何らかの理由があって否定しているわけですから、その理由を取り除いていかないと議論は前に進みません。これも一種の問題解決ですから、まず「3つのボックス」で地図を広げましょう。要するに、**否定するという「アクション」の背景にある「現状」「理想」を聞く**ということです。

ダメとだけ聞いて、**何がダメなのか想像しながら作業をするのは時間の無駄**です。否定されたらその場ですぐに「どこがダメで、その理由を聞かせてください」と質問し、相手の頭のなかにある地図を引き出します。言語化が苦手な相手ならば、収束脳を発動し「こういうことでしょうか?」と振り出しや言い換えをしてあげるといいでしょう。

【拡散させる人】

話をしているうちに、**どんどん枝葉のほうへと話題が逸れていき、結局聞きたいことに答えてもらえない**ような人です。

相手としては、よかれと思って情報をできるだけ多く提供しているだけです。この本のメソッドでいえば、「3回考える」の1回目、「思い込みをはがす」ところで情報を広げている状況だと考えましょう。

ならば次にやることは「ひと言でまとめる」です。ただし相手に「要するにどういうことですか?」とストレートに言ってしまうと角が立つので、収束脳を使い**自分から「要は、●●ということですか？」とまとめて確認をするのがベター**です。

【話が長い人】

拡散するタイプとは違って、一つのことを延々と話し続ける人です。単なる話好きの人もいますが、**はっきりと回答するのが苦手だったり、責任が生じるのを避けようとしたり**と、話が長くなるにはいろいろな理由が考えられます。

このようなタイプの人には、とにかく**「聞きたいことを明確に絞る」しかありません**。

国会答弁などを見ていると、「長々と話しているけど何も答えていない」ようなシーンに出くわすことがあります。すると質問者が「ハイかイイエだけ答えてください！」などと声を荒げたりします。国会答弁のように問い詰めるわけではありませんが、質問を絞るとは、そういうことです。
例えば「違和感があるところはないですか？」などと聞いてしまうと、いくらでも話す余地を与えてしまいます。まず「あるのか、ないのか」の二択から入って、もしあるなら「A、B、Cのどこに違和感があるか」などと、**回答の幅を段階的に広げるのが得策**です。

【頑として考えを譲らない人】

「自分の考えが正しい」「こうあるべきだ」と思い込みの激しいタイプの人です。こういう人は見ている地図が狭かったり、オリジナルなオペレーションシステムで考えていることが多いです。このような人には、**こちらの考えをいったん取り下げ、相手の地図を広げることから始めます**。つまり、「3つのボックス」と「3回考える」を相手に対して使います。そうすることで、相手の考えの全体像を把握し、自分の地図との相違点を確認しながら、使えそうなところだけピックアップします。**くれぐれも建設的に議論しよう、とは考えないほうがよい**でしょう。

【説明が下手な人】

言いたいことはあるのに、うまく伝えられない、話をまとめられない人です。これは上司よりも、部下や後輩に多いかもしれません。

この場合の対処は大きく2つです。

一つは、「わける」こと。第1章でもわけることはわかること、と説明した通り、要素を分解しながら、話を構造的にとらえることです。

もう一つは、言い換えです。話が拡散する人への対処と似ていますが、「例えばこういうことですか?」「こういう理解であってますか?」とこちらで解釈して、確認してもらうようにしましょう。

第4章

問題解決思考のインストール

問題解決思考を習慣化する

この章でやることは**「頭の使い方」のインストールです。それができてこそ、超速の問題解決のゴール**になります。パソコンならソフトのインストールで完了ですが、人の頭はそういうわけにはいきません。普段から使う鍛錬をすることによってのみ、インストールが行われます。

問題に直面したら「3つのボックス」で地図を広げる。「3回考える」ことで最短経路を見つける。仮説に自信がなければ「他人の頭を借りる」ことで実行の精度を上げる。このスタイルを当たり前にすることで、みなさんの仕事全体が効率よく進むようになります。

幸い、私たちは日常生活のなかで常に何らかの選択を迫られ、判断することを繰り返しています。つまり、**問題解決メソッドを実践するチャンスは日常のなかにあふれている**ということです。

ではさっそく、具体的なトレーニング方法を解説していきましょう。

「3つのボックス」で聞く

すぐに実践できるトレーニングの一つが、**会話をするときに常に「3つのボックス」で整理する**ことです。

人は意外と、色々な話をしているようで、肝心な情報をやりとりしていないことがあります。それは、お互い何が必要で、何が必要でないかの選別ができていないことが原因です。

相手の話を「3つのボックス」にわけるだけでも、面白いことに、**話の抜け漏れや、前後のつながりのおかしさなど、様々な粗が見えるようになります**。

例えば、営業の報告会のような場でやってみると、違和感が際立ちます。

報告者「今月の予算は未達でした。来月は達成に向けて頑張ります」

上司「どうして予算を達成できないのか理由を説明しろ」

報告者「顧客の反応が芳しくなく……」

こんなやりとりを「3つのボックス」にわけようとしたら、どうなるでしょうか。どのボックスも「?」だらけになってしまうはずです。「なんでそうなるの?」「一体何の話をしているの?」といった気持ち悪さを感じるようになります。

このように**会話の粗がわかるようになると、次に何を考えればいいのかがわかるようになります**。会議で「何か質問がある人は?」とおきまりのフレーズが出たら、「顧客の現状はどうなっているのでしょうか?」と建設的に議論を進めるチャンスです。

私が会議で**よく違和感を覚える要注意フレーズ**があるので、突っ込みどころのヒントとして紹介しておきましょう。

❶状況だけ、数字だけの報告

「売上があと1億円足りません」
「危機的な状況です」
「100%必達を目指します」

現状や理想を説明するときのこういったフレーズは、情報としてほとんど意味を持ちません。「ヤバい」と言っているのとさほど違いはなく、現在地も目的地もわからないので地図になっていません。

こうしたフレーズが出てきたら、要チェックです。「具体的に現状がどう危機的なのか」「1億円を挽回している状態とはどのような状況なのか」と質問し、要素を分解して**「構造化」して書くようにしましょう**。

❷アイデアをほしがる質問

「どうしよう？」

本書の序章でも触れましたが、「どうしよう？」と聞いてしまうと、アイデアの乱れ打ちになります。

「売上を伸ばしたいんだけど、どうしよう？」

←

「テレアポを増やしてみては」
「確度の高い顧客を絞った提案」
「できる営業パーソンのノウハウ共有」

こんな風に、「現在地」と「目的地」をインプットしないまま、経路検索するような状況に陥りやすいのです。

こういうケースでは、**アイデアが行き詰まってきたタイミングを見計**

らって、問題の背景を明らかにします。

「そもそも、どんな状況を実現するといいんだろう？」
「それはなぜかというと、どういう現状だから？」

そこを吟味したうえで、あらためて「適したアクションはどれだろう？」と話を進めていくと、絞り込みやすくなります。

ただし、「そもそも論」で議論を巻き戻すのは、**タイミングを間違えると、盛り上がっている人たちに冷水をぶっかけたような雰囲気になる**危険があります。みんなが張り切ってアイデアを出し合っている真っ最中に「そもそもさ……」と切り込んでしまうと「空気を読めないヤツ」となりがちなので、ひとしきりアイデアを出し切って、みんなが「行き詰まった」と感じているタイミングを狙いましょう。

❸意気込みだけの宣言

「ノルマをクリアできるよう頑張ります！（気合系）」
「見込み客のフォローを強化します！（あいまい系）」
「人員を増やす予定です！（先送り系）」

これらはアクションを示すフレーズですが、やはり悲しいほどスカスカです。問題解決は実行できるアクションを決めて人が動くことではじめて成立すると述べてきましたが、これでは誰が何をするのかまったくわかりません。

「3回考える」を思い出して、**具体的にはどういう状態が理想なのか、それを実現する取り組みは何か、キラークエスチョンを投げ込んでみましょう。**

ここで紹介した要注意フレーズは、指摘されてみると低レベルなように感じますが、実際のビジネスの現場では頻出しています。

特に、**いつまでたっても根本的な問題が解決せず、その都度、気合と根性で乗り切っているような組織ほど、要注意フレーズがビュンビュン飛び交っている**ものです。

一刻も早く問題解決するためには、せめて「3つのボックス」にわけることだけでも徹底することです。

ぜひ身の回りの様々な会話に注意して、違和感をキャッチできるようになってください。

「3つのボックス」で話す

「3つのボックス」は話を聞いて情報整理するだけでなく、**アウトプットにも使うことで、相手とのコミュニケーションをスムーズにしてくれます。**

アウトプットに使うメリットは3つあります。

①思考の地図を共有できること
②どこの何を話しているかがわかること
③ポイントを絞った話ができること

副次的な効果として、**「言った・言わない」「聞いた・聞いてない」といったすれ違いも起こらなくなります**。また、慣れてくると「あの人は話がわかりやすい」といった評価を受けられるようにもなります。

このように「頭のなか」を共有できるようになると、他人の頭を借りやすくなりますし、ディスカッションの効率化が進みます。

上司や先輩への仕事の報告はもちろん、プライベートでも、何かを買うときの相談や、どこかへ出かけるときの提案などの際に「3つのボックス」を使うと筋道立てて伝えることができます。

トレーニングのコツは、自分と相手の頭のなかに「3つのボックス」をイメージして話すことです。第3章で説明した伝え方のコツと要領は同じです。

最初は紙に書いてもいいので、まず自分の頭のなかを「3つのボックス」に整理します。それを相手の頭の状態に応じて、「アンサーラスト」または「アンサーファースト」で相手の頭のなかにも描くようにして伝えます。

このとき、**相手の反応にも注意を払うと、より一層のトレーニングになります**。ピンときていない様子であれば、伝える内容に抜け漏れがあるか、ロジックのつながりが不明瞭になっている可能性があります。

このように、**様々なシーンでトライして、失敗したら修正することを繰り返すことで、「3つのボックス」を使ったアウトプットに慣れて**いきます。

ゆくゆくは、移動中などに頭のなかで「3つのボックス」を整理し、いつでもどこでもアウトプットできるようになると、**問題解決をよりスピーディに完結できるようになります**。

「3つの頭」で意見する

第3章で紹介した、問題解決に効果的な「3つの頭」もトレーニングに使えます。

「判断脳」「発散脳」「収束脳」という3つの機能を使いわけるのですが、これを自分で、一人三役でやってみるというトレーニングです。

脳の機能の切り替えに慣れると、わけて考える癖が身につきます。

トレーニングしやすいシチュエーションは、会社であれば少人数の会議や打ち合わせ、仕事帰りなら飲み会などです。参加しているメンバーを見渡して、自分は判断、発散、収束のうち、どの機能を果たすべきなのか考えてみてください。

基本的には、「発散脳」タイプの人が多ければ自分は「収束脳」になるなど、**機能として足りていない部分を埋めることで、会議を建設的かつスムーズに進めるようにします**。

あくまでも自分のトレーニングと割り切るならば、どの機能になりきるか、自分で決めてトライしてみてもいいでしょう。

自分の役割が決まっていると、考えるべきことが限定されて集中できます。例えば自分が「発散脳」の役だとすれば、情報の抜け漏れがないかとか、よりよい理想の状態がないかといった「アイデアを出すこと」に全力を尽くします。

「収束脳」だとしたら、逆に情報をまとめて、問題の本質は何か、要は何を言わんとしているかを考えることに集中しましょう。

「判断脳」は会議の主催者（仮説を持ち込んだ人）が担うことが多いですが、呼ばれて参加する会議でも判断の機能を鍛えることはできます。問題の全体像を俯瞰的に見て、現在地や目的地が概ねしっくりくるか、アクションは実行できるのか、といった視点から「イエス、ノー」を決める練習をします。

会議で意見を求められたら、自分の役割に応じてフィードバックする習慣をつけましょう。役割ごとのフィードバックのイメージは次の通りです。参考にして実際にやってみてください。

（フィードバック例）

判断脳↓問題解決の地図全体がどうで、違和感がないか考える

「大筋はいいと思う」「そもそも、どうなればいいんでしたっけ？」

発散脳↓情報の抜け漏れがないか。もっとよくできないか考える

「こんな感じにすると、よりよくなりそうでは？」

収束脳↓議論の要点をまとめるとどうなるか考える

「今の話をまとめると、要するにこんなイメージだと思います」

「解像度」を上げる

私はどんな問題解決をするときでも、「解像度は上がっているかどうか」に注意を払っています。

解像度を上げるというのは、ボンヤリとした部分がなくなり、ディテールまでクッキリ見えるようになるイメージです。問題解決においては、現在地から目的地までの地図が、より鮮明に見えるようになることです。未来が見えると、人は安心して動けるようになるからです。

前よりも地図の解像度が上がっているかどうか。この感覚にこだわるようになると、問題解決思考のレベルアップにつながります。

超速の問題解決メソッドは、問題の解像度を上げていく方法に他なりません。そして**解像度が高ければ高いほど、自分も含めて人は動きやすくなります**。

そもそも人が動いてくれないのはなぜか。相手の視点になってみるとよくわかります。

「とにかく頑張ろう」
「会社で決まったことだから」

こんな風に上司から言われたら、誰もやる気にならないでしょう。では次のような言い方ではどうでしょうか。

「絶対にうまくいくから」
「結果が出たら、一時金が出るぞ」
「俺が責任を取るから」

こんなことを言われても、肝心のアクションに納得がいっていなかったら、そういう問題じゃないと思ってしまいませんか？

実はこの本のメソッドは、もともとは人を動かす仕事から生まれたものです。人を動かすというのは、何かを実行してもらうことはもちろん、知恵を貸してもらうことも含めて、「協力を得る」ことを意味します。

人は必ずしも思い通りに動くものではありません。私もかつては「どうして協力してもらえないんだ」と思うことが多々ありました。必死に考えたプランを提案しても、こんな反応が返ってきました。

「それってする意味あるんですか？」
「それで本当にうまくいくんですか？」

そんなことが続くうちに、「やる気のない人を動かすなんて無理だ」「やっぱり自分がやるしかない！」と思い込んでしまいました。

しかし、それでは人はついてきませんし、一人でできることにも限界があります。その後、とある会社の再生に携わったときに、人や組織が動かない理由に気づきました。

従業員に話を聞いてみると、「会社は変わる、変わると言っているけれど、今どういう状況で、どこへ向けて何をするのかがサッパリわからない」と言うのです。

人が動いてくれないのは、みんなの解像度が低かっただけのことでした。

問題解決に関わる全員が同じ地図を見て、一緒に最短経路を検討して、

解像度が高い状態で決めたアクションでない以上、外側からどれだけ発破

をかけたり人参をぶら下げたりしても、当人のモチベーションは上がらないのです。

私が仕事でやっていることは、本質的にはこの本で紹介したメソッドの延長です。もちろん、経営再建や事業承継、新規事業開発など、もっと複雑な問題と向き合っているわけですが、「型」を応用しているにすぎません。

あらゆる問題に対処できるのは、このメソッドが関係者全員の解像度を高めるのに適したスタイルだからです。

おかげで今ではまったく経験のないジャンルの仕事や、まったく知識のない業界の仕事でも、スピーディに対応し、実行することができています。みんなで決めて、みんなで動く。その舵取りができることに、実は非常に大きな価値があると知りました。

特にコンサルタントのような仕事は、ともすると「外野から偉そうに、もっともらしいことを言って金を取っていく」などと思われがちなところがあります。仕事としてお金を頂戴している以上、経営コンサルタントであれば経営者を、そしてその向こうにいる役員や従業員の方々を、問題解決へ向けて心地よく動かせなければ価値がないのです。

現在、**「人が動いてくれない」「動かし方がわからない」といったことがネックになり、問題解決が行き詰まっている**企業からの相談が増えています。仮説を持たないか、あったとしても解像度が低いまま無理やり人を動かそうとしているケースがほとんどです。部品が欠けている、錆びている状態で無理に機械を動かそうとしている状況に似ています。たとえ自分の頭のなかではクリアになっていたとしても、地図にして共有しなければ、相手の頭のなかの解像度は低いままです。

会議や打ち合わせの目的は、自分の主張を通したり、相手を論破したりすることではありません。みんなで集まって話し合うのは、**それぞれの知識と経験を持ち寄って、判断、発散、収束の機能を補い合い、「やろうぜ！」と心から思えるアクションを決める**ためです。

この本を手にとってくださったみなさんも、ぜひ明日から「みんなの解像度を上げる」ことに挑戦していただけたらと思います。

繰り返しになりますが、みんなで決めて動かすことができる人材には、大変な価値があります。**超速の問題解決メソッドは、そんな価値あるビジネスパーソンが身につけている仕事の「型」**なのです。

超速の問題解決が「生きる武器」になる

現代では、スピードが非常に大きな価値を持っています。

例えばビジネスでは、メールやチャットのレスポンスが遅いと「仕事ができない人」と思われることがあります。トラブルの報告が遅れれば遅れるほど、火種は大きくなっていきます。働き方改革では、早く仕事を終えて、早く帰ることを今まで以上に求められるようになりました。

プライベートでも、ネット通販で買い物をすれば翌日に商品が届くのが普通です。SNSの投稿を見れば、世界中で今まさに起きていることがわかります。テレビで放送された番組の内容が、1時間もしないうちにネットニュースで世界を駆け巡ります。

もはや速い（早い）ことがデフォルト。世の中の仕組みやルールも、当然のようにめまぐるしく変わっていきます。

そんな現代に生きる私たちにとって、**超速で問題解決する力は生きるための強力な武器**になります。

私は、速さには二種類あると思っています。

一つは、**直線を走る速さ**。

もう一つは、**実行そのものの速さ**。

この二種類の速さが噛み合ってこそ、価値のある速さが実現します。といっても、二種類の速さをどちらも100％満たすわけではありません。**大切なのはバランスです**。

PDCAサイクルはみなさんもご存知だと思います。言うまでもなく、計画、実行、評価、改善という一連のサイクルです。

無駄のない計画を立てようとして、Pの段階でやたらと時間をかけていては、一向に問題は解決しません。

一方で、なんでもいいからとにかく実行しようとDを急ぎ過ぎても、手数が増えるばかりで効果的な評価と改善ができません。

超速の問題解決メソッドは、二種類の速さをバランスよく実現できるものです。

これを当たり前のものにできれば、**単なるビジネススキルとしてだけでなく、生き方自体が変わります**。

今は、「総中流」といわれた社会とは異なり、一人ひとりが自分らしい生き方を選び、それぞれの価値観のもとで幸福を求める時代です。**自由である反面、自分で考えて道を切り開いていかなければならないという厳しさもあります**。

「副業で稼げるようになりたいけど、何をすればいいかわからない」

「田舎暮らしが理想だけど、どうすれば仕事と両立できるのかわからない」

実際に成功している人の情報が手に入ってしまうからこそ、こうした憧れと現実の間で悩む人も増えています。

そしてモヤモヤと悩んでいるうちに歳をとり、家族ができ、選択肢はどんどん狭まっていきます。

そんなときこそ超速の問題解決の出番です。地図を開いて最短経路を見つける「頭の使い方」ができている人ならば、無駄に時間を浪費せず、意味のあるアクションを即実行できます。


かつての社会と異なり、働き方と生き方がほぼイコールとして重なり合う今、**自律的な思考と行動が極めて重要**です。自ら問題を解決していく力は、ビジネスで重宝されるだけでなく、「自分らしく」生きていくためにも欠かせないのです。

本書の問題解決メソッドが、この流れの速い時代のなかで、楽しく幸せに生きるための武器となれば幸いです。

おわりに

最後まで本書を読んでいただき、誠にありがとうございます。
もしお付き合いいただけるならば、私がこの本に託した想いを読者の皆さんと共有し、お別れできればと思います。

私は問題解決力が人の人生を左右すると本気で思っています。その理由をこれからお話しします。

私の人生を大きく変えた出来事が3つあります。

一つめの出来事は、両親の離婚です。まだ高校生でしたが、家庭内で起こる問題をどうすることもできず、ただ目の前の状況に我慢することしかできない。本当に情けなかったことを、今でもよく覚えています。

二つ目は、ある上場企業の経営再建支援です。業界に詳しくもない私が、見ず知らずの会社の人たちを問題解決へと動かす仕事でした。何とか再建の目処をつけ、3年に渡るプロジェクトを終えようとしたとき、この会社の役員含め50名ほどで送別会を開いてくれて、胴上げまでしていただきました。

三つ目は、老舗メーカーの祖業撤退支援です。5期連続赤字、会社は火の車、社長の持病が悪化するなかでの事業撤退でした。社労士、税理士、司法書士等の専門家と連携し、7カ月の短期間で問題を解決していきました。後日社長から「命が救われた」と感謝の言葉をいただきました。

このような経験を通して、問題解決とは人生をよりよいものへ変えること、人生を拓くことそのものであると気づかされました。


「どうあがいても無理」

「そんなことしたって何も変わらない」

「できっこない」

そう言って問題を諦めるのは簡単です。

しかし、会社や社会でみんなが諦めたらどうなるでしょう？　傍観者になってしまったら？　いつか誰かが何とかしてくれると思ってしまったら？

本書を手にされた方は、何かしら今の状況を打破したいと思っているに違いありません。みなさん一人ひとりが問題解決に真摯に取り組んでいただけたなら、会社や社会はよりよい方向へと変わります。人生も変わります。

日本は今後ますます人口が減り、少子高齢社会が進みます。自然災害や人災もあるでしょう。問題だらけの社会になることは明らかです。それを嘆くのではなく、現実問題を正面から受け止め、問題解決力をもって、互いに助け合い、自走していく。それが、日本の明るい未来を創ることになると固く信じています。

最後に、皆さんにエールを送ります。

「問題解決を楽しもう。働くことに感動しよう!」

高橋輝行（たかはし・てるゆき）

東大大学院卒業後の2000年、博報堂に入社。数々のブランドプロモーション、大手通信教育サービスの開発・広報などのプロジェクトを経験したのち、SBIグループで大手メーカーと知財戦略の構築に携わる。2007年からは経営の実行支援を行うコンサルティング会社、経営共創基盤にて、大手エンタメ企業の再建に尽力。経営陣、従業員と共に年間10億円以上の赤字から黒字化を実現する。2010年7月にKANDO株式会社を設立。

「決めて動く」を高速化する独自のメソッド「ディスカッション・デザイン」で、数々の企業の課題解決を支援し、事業成長へ導いている。

著書に『ビジネスを変える! 一流の打ち合わせ力』（飛鳥新社）、『頭の悪い伝え方　頭のいい伝え方』（アスコム）。

思考と行動を高速化する
超速！問題解決

発行日　2020年3月26日　第1刷

著者　高橋輝行

本書プロジェクトチーム
編集統括　柿内尚文
編集担当　中山景
編集協力　小林謙一、友清哲
デザイン　小口翔平、大城ひかり（tobufune）
DTP　佐々木博則
校正　東京出版サービスセンター

営業統括　丸山敏生
営業担当　池田孝一郎
プロモーション　山田美恵、林屋成一郎
営業　増尾友裕、熊切絵理、石井耕平、大原桂子、桐山敦子、綱脇愛、渋谷香、寺内未来子、櫻井恵子、吉村寿美子、矢橋寛子、遠藤真知子、森田真紀、大村かおり、高垣真美、高垣知子、柏原由美、菊山清佳

編集　小林英史、舘瑞恵、栗田亘、村上芳子、大住兼正、菊地貴広、千田真由、生越こずえ、名児耶美咲
講演・マネジメント事業　斎藤和佳、高間裕子、志水公美
メディア開発　池田剛、中村悟志、長野太介
マネジメント　坂下毅
発行人　高橋克佳

発行所　株式会社アスコム
〒105-0003
東京都港区西新橋2-23-1　3東洋海事ビル
編集部　TEL：03-5425-6627
営業部　TEL：03-5425-6626　FAX：03-5425-6770

印刷・製本　中央精版印刷株式会社

Printed in Japan ISBN 978-4-7762-1064-1